gente

gente

Arbeitsbuch 1

Autores:
Ernesto Martín Peris
Pablo Martínez Gila
Neus Sans Baulenas

Coordinación editorial y redacción:
Agustín Garmendia Iglesias
Corrección:
Olga Juan Lázaro y Eduard Sancho Rutllant

Diseño y dirección de arte:
Ángel Viola
Maquetación:
Mariví Arróspide

Ilustración:
Pere Virgili y Ángel Viola

Fotografías:
Miguel Raurich, Jordi Bardajil, Antonio García Márquez, Isabel Codina,
Carmen Escudero, Europa Press, Firofoto, Zardoya, Foto Format, Iberdiapo, Agencia EFE, A.G.E. Fotostock.
Infografía:
Pere Arriaga

Material auditivo (casete y transcripciones)
Voces: Maribel Álvarez, España / José Antonio Benítez, España / Ana Cadiñanos, España /
Isabel Iglesias, España / Fabián Fattore, Argentina / Laura Fernández, Cuba / Paula Lehner, Argentina /
Oswaldo López, España / Gema Miralles, España / Pilar Morales, España / José Navarro, España / Kepa Paul Parra, España /
Lola Oria, España / Félix Ronda, Cuba / Rosa María Rosales, México / Amalia Sancho, España /
Clara Segura, España / Carlos Vicente, España / Armand Villén, España.
Música: Juanjo Gutiérrez
Grabación: Estudios 103, Barcelona

*Gedruckt auf Papier,
das aus Altpapier hergestellt wurde.*

1. Auflage   A 1   5 4 3 2 1 | 2003   2002   2001   2000   1999

Alle Drucke dieser Auflage können im Unterricht nebeneinander benutzt werden,
sie sind untereinander unverändert. Die letzte Zahl bezeichnet das Jahr des Druckes.

© für die Originalausgabe:
Los autores y Difusión, S.L. Barcelona 1997

© für diese Ausgabe:
Ernst Klett Verlag GmbH, Stuttgart 1999. Alle Rechte vorbehalten.
Internetadresse: http://www.klett-verlag.de

Druck: Druckerei Schäuble, Stuttgart.
Printed in Germany.

ISBN: 3-12-515515-0

gente

Kommunikatives Spanischlehrwerk mit handlungsorientiertem Ansatz

Ernesto Martín Peris
Pablo Martínez Gila
Neus Sans Baulenas

1

Arbeitsbuch

Ernst Klett Verlag
Stuttgart · Düsseldorf · Leipzig

Mehr als ein Lehrwerk

EINFÜHRUNG

Das Arbeitsbuch zu *Gente 1* wird ergänzt durch

✔ eine Kassette von 75 Minuten Spielzeit zum Training des Hörverstehens.

✔ ein Lösungsheft mit den Lösungen zu den Übungen und der Transkription der Texte, die auf der Kassette zum Arbeitsbuch enthalten sind.

GENTE QUE LEE

Dieser Kurzroman folgt der lexikalischen und grammatischen Progression von *Gente* und ermöglicht damit auch Anfängern bereits ein echtes Leseerlebnis. Nach jeder Sequenz von 4 Lektionen können sie die spannende Geschichte rund um einen Campingplatz am Mittelmeer, die als Comic beginnt und nach und nach immer mehr in Text übergeht, in einem weiteren Kapitel verfolgen.

GENTE QUE CANTA

Diese Sammlung enthält 11 Lieder (auf Kassette oder CD) mit unterschiedlichem Rhythmus (Salsa, Tango, Rock, Flamenco, etc.) und einfachem Text, der jeweils auf das Lektionsthema abgestimmt ist.

Die Lieder wurden eigens für *Gente* komponiert und getextet und sind damit genau auf den Kenntnisstand der Lernenden zugeschnitten.

Zu jedem Lied existiert auch eine Instrumental-Version zum Mitsingen. Wichtige Wendungen prägen sich dadurch besonders gut ein.

Der zugehörige Lehrerband enthält Anregungen zur Behandlung der Lieder im Unterricht sowie gebrauchsfertige Kopiervorlagen.

Arbeitsbuch und Grammatikübersicht

Das Arbeitsbuch in Verbindung mit der Grammatikübersicht verfolgt das Ziel, den Lernenden ein effizientes Hilfsmittel an die Hand zu geben, das ihr selbstständiges Arbeiten unterstützt. Es umfasst 11 Einheiten, die den 11 Sequenzen des Lehrbuchs entsprechen.

Das Arbeitsbuch stellt eine unentbehrliche Ergänzung zum Lehrbuch dar, denn es bietet die Möglichkeit, die dort erworbenen Kenntnisse zu festigen und zu überprüfen. Zu diesem Zweck enthält es eine Vielzahl von Übungen, die größtenteils individuell (also z. B. als Hausaufgabe) bearbeitet werden können. Sie beziehen sich jeweils auf ein bestimmtes sprachliches Phänomen (Aussprache, Grammatik, Rechtschreibung, Wortschatz etc.), das in der entsprechenden Sequenz des Lehrbuchs behandelt wurde. Außerdem befindet sich am Ende jeder Einheit eine Grammatikübersicht, in der die grammatischen Lernziele der Sequenz übersichtlich dargestellt und erläutert werden. Jede der 11 Einheiten gliedert sich in drei Rubriken:

I Einen **ÜBUNGSTEIL** mit einem umfangreichen Übungsangebot zur Festigung und Erweiterung der im Lehrbuch präsentierten sprachlichen Phänomene.

Die Übungen und ihre Inhalte bzw. Lernziele sind auf der jeweils ersten Seite aufgelistet; bei Übungen in Verbindung mit der Kassette ist zusätzlich der Hinweis HV (Hörverstehensübung) vermerkt. So können Kursleiter/innen und Teilnehmer/innen entsprechend ihren Bedürfnissen auswählen, welche Übungen aus dem breiten Angebot bearbeitet werden sollen und in welcher Reihenfolge dies geschieht.

Übungen, die im Unterricht durchgeführt werden müssen, weil sie nicht individuell, sondern nur zu zweit oder in der Gruppe bearbeitet werden können, sind mit dem Symbol ⇆ gekennzeichnet.

Alle anderen Übungen können individuell bearbeitet werden, sei es innerhalb des Unterrichts im Wechsel mit den Aktivitäten des Lehrbuchs oder als Nachbereitung zu Hause.

II Eine **AGENDA** mit verschiedenen Aufgaben zur Entwicklung von Lernstrategien sowie zur Kontrolle des eigenen Lernfortschritts. Innerhalb der „Agenda" findet man wiederum drei verschiedene Teile:

Der erste enthält unter der Überschrift **Lernstrategien** eine oder mehrere Aufgaben, an denen die Lernenden den Einsatz unterschiedlicher Strategien der Sprachverarbeitung (entdeckendes Lernen, Hypothesenbildung, Wortschatzklassifizierung, etc.) erproben können. Es schließt sich eine Reflexion über die angewandten Strategien und ein kurzer erläuternder Text in deutscher Sprache an.

Der zweite Teil besteht aus einer Tabelle zur **Selbsteinschätzung**, die Aufschluss darüber gibt, wie die Teilnehmer/innen ihren eigenen Lernfortschritt und ihren aktuellen Kenntnisstand beurteilen.

Als Drittes schließt sich ein **Lernertagebuch** an, das eine weniger gelenkte Bewertung des Lernfortschritts und eine subjektivere Beurteilung der Lerninhalte durch die Teilnehmer/innen ermöglicht. Dieses persönliche Tagebuch ist als Text mit Lücken und/oder verschiedenen Wahlmöglichkeiten angelegt, wodurch den Lernenden ein Gerüst für eigene schriftliche Äußerungen geboten wird, von dem sie sich im Laufe der Zeit immer weiter entfernen können.

In den ersten Einheiten ist die „Agenda" dem Kenntnisstand der Lernenden entsprechend ganz auf Deutsch gehalten, später nur noch die Erläuterungen zu den Lernstrategien.

III Eine **GRAMMATIKÜBERSICHT**, in der die im Lehrbuch thematisierten sprachlichen Inhalte der jeweiligen Sequenz systematisch dargestellt und in deutscher Sprache erläutert werden. Sie dient in erster Linie zum Nachschlagen in Zweifelsfällen, aber auch zur Systematisierung der Kenntnisse, die im Laufe der Arbeit mit *Gente* nach und nach erworben werden.

1-2-3-4 gente que estudia español

Hier findest du

folgende Übungen

1 Die Zahlen von 1 bis 9

2 HV: Vor- und Nachnamen

3 HV: Zahlen

4 HV: Buchstabieren

5 Wortschatz

6 HV: Buchstabieren

7 Nützliche Fragen für den Unterricht

8 Nützliche Fragen für den Unterricht

9 Nützliche Fragen für den Unterricht

10 HV: Frage- und Aussagesatz

11 HV: Demonstrativpronomen

12 Demonstrativpronomen

13 HV: Die Aussprache von J und G: /x/ und /g/

14 HV: Telefonnummern und Namen

15 Die Zahlen von 1 bis 20. Rechenaufgaben

16 Die Zahlen von 1 bis 20

17 Angaben zur Person

18 Angaben zur Person

19 HV: Ländernamen, Aussprache

20 Das Subjektpronomen. Angaben zur Person

AGENDA

GRAMMATIK-ÜBERSICHT

Seis

gente que estudia español

1 Kannst du diesen Geheimcode entschlüsseln? Jeder Buchstabe steht für eine Zahl zwischen 1 und 9.

$$Q + Q + Q = 3$$
$$Y + Z + J = 17$$
$$Z + Q + Y = 13$$
$$Ñ + Q + Ñ = 15$$
$$J + Q + Z = 9$$
$$Y + Y + Ñ = 25$$
$$Z + Ñ + J = 15$$

La **Q** es el **uno.**

La _____ es el _____

La _____ es el _____

La _____ es el _____

La _____ es el _____

2 Hör zu, wie diese Namensliste vorgelesen wird, und markiere das entsprechende Kästchen.

	Nombre	1er Apellido	2º Apellido	No está en la lista
Cobos		✓		
Castaño				
Miguel				
María José				
José María				
Flores				
Aguirre				
Vázquez				
Isabel				
Domínguez				
Pujante				

3 Hör zu und markiere in jeder Zeile das Los, das in der Lotterie gezogen wurde.

  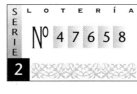 

 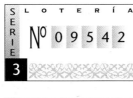   

Siete

gente que estudia español

4 Welche Namen werden buchstabiert? Hör zu und trage die entsprechende Ziffer ein.

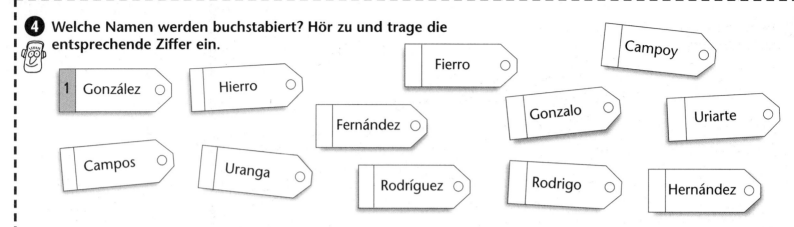

- 1 González
- Hierro
- Fierro
- Campoy
- Fernández
- Gonzalo
- Uriarte
- Campos
- Uranga
- Rodríguez
- Rodrigo
- Hernández

5 Sieh dir die Themen auf Seite 12 im Lehrbuch an und verteile sie so auf die drei Zettel, wie es deinen Interessen entspricht (links, die dich am meisten interessieren, rechts die am wenigsten). Gibt es noch andere Themen, die dich besonders interessieren? Du kannst ein Wörterbuch zu Hilfe nehmen.

6 Hör zu, wie diese Wörter buchstabiert werden, und notiere, in welcher Reihenfolge du sie hörst.

- playa 1
- ___ gente
- monumento ___
- ___ ocho
- naturaleza ___
- ___ fiesta
- ciudad ___
- ___ política

gente que estudia español

7 Verbinde Fragen und Antworten.

¿Cómo se dice  en español?

¿Qué significa "cantante"?

¿Cómo se escribe 15, con **qu** o con **k**?

¿"Mapa" es masculino o femenino?

¿Cómo se escribe 5, con **c** o con **z**?

¿Cómo se dice en español?

¿"Lección" es masculino o femenino?

Con **qu**.

Casa.

Con **c**.

Bicicleta.

Masculino.

Femenino.

8 Sicher kennst du noch andere spanische Wörter: **fiesta, adiós, mañana, señorita, amigo, paella**... Schreibe auf, was sie bedeuten, so wie in diesem Beispiel.

„Adiós" significa „Auf Wiedersehen".

Vielleicht möchtest du wissen, wie einige andere Dinge auf Spanisch heißen. Notiere deine Fragen.

¿Cómo se dice en español „sich verlieben"?

gente que estudia español

9 Jetzt kannst du für die anderen Kursteilnehmer/innen weitere Fragen wie in Übung 7 formulieren; sie können sich auf Wörter beziehen, die du schon kennst oder die du gern wissen möchtest. Du kannst ein Wörterbuch zu Hilfe nehmen.

¿Cómo se escribe "hola"?
¿Qué significa "enamorarse"?

10 Du hörst nun die Sätze von dieser Liste. Wenn es sich um eine Frage handelt, sollst du die beiden Fragezeichen ergänzen wie beim ersten Satz; wenn es sich um eine Aussage handelt, setzt du einen Punkt.

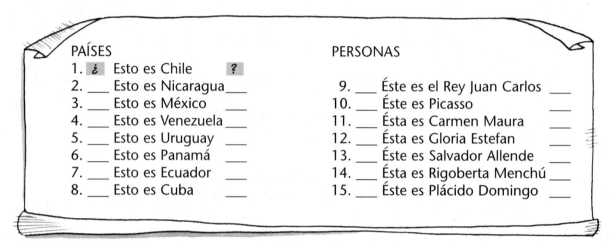

PAÍSES
1. ¿ Esto es Chile ?
2. ___ Esto es Nicaragua ___
3. ___ Esto es México ___
4. ___ Esto es Venezuela ___
5. ___ Esto es Uruguay ___
6. ___ Esto es Panamá ___
7. ___ Esto es Ecuador ___
8. ___ Esto es Cuba ___

PERSONAS
9. ___ Éste es el Rey Juan Carlos ___
10. ___ Éste es Picasso ___
11. ___ Ésta es Carmen Maura ___
12. ___ Ésta es Gloria Estefan ___
13. ___ Éste es Salvador Allende ___
14. ___ Ésta es Rigoberta Menchú ___
15. ___ Éste es Plácido Domingo ___

11 Hör zu, wie Maribel einem Freund ihre Urlaubsfotos zeigt. Auf welches von beiden Fotos bezieht sie sich jeweils? Achte auf **éste, ésta, éstos, éstas** und **esto**.

12 Schreibe nun unter jedes Bild den Namen einer Person, einer Stadt oder eines Ortes. Notiere danach einige Sätze, um die Bilder den anderen in der Gruppe zu präsentieren.

Mira, éste es Michael.   Mira, esto es Sevilla.

gente que estudia español

13 In dieser Lektion hast du die Namen der spanischsprachigen Länder kennen gelernt. Du hast auch spanische Vor- und Nachnamen gesehen. Jetzt wirst du einige Namen lesen und hören. Ergänze die fehlenden Buchstaben.

1. **J**aime	6. (**Gui**nea)	11. Ar __ __ ntina	16. __ __ rcía
2. **G**erardo	7. **Gue**rra	12. __ __ mez	17. Para__ __ ay
3. **G**il	8. **Go**nzález	13. __ __ vier	18. __ __ la
4. **J**osé	9. **Gua**temala	14. __ __ __ vara	19. __ __ árez
5. **J**uan	10. **Ga**rgallo	15. __ __ adalajara	20. Ara__ __ n

Unterstreiche nun die Wörter, in denen der Laut /x/ (wie in Ba**ch**) vorkommt, und kreise die Wörter ein, in denen der Laut /g/ (wie in **G**arten) vorkommt.

14 Du hörst nun fünf Personen, die bei der Telefonauskunft nach einer Nummer fragen. Notiere die Telefonnummern der folgenden Personen.

1. Pedro Pérez Martín _____
2. Marcos Martínez Paz _____
3. Mario Mas Pérez _____
4. Milagros Martín Martín _____
5. Paula Mínguez Peralta _____

15 Bist du gut im Rechnen?

Cinco más cuatro menos dos, siete.

Cinco + cuatro − dos = _____   Cuatro − _____ + cinco = ocho

Ocho + tres − siete = _____   Tres + dos + _____ = ocho

Nueve + _____ − tres = ocho   Cinco + siete − _____ = tres

_____ + dos − cuatro = seis

16 Schreibe noch zwei Rechenaufgaben auf und lies sie den anderen Kursteilnehmer/innen vor. Wer weiß zuerst die Lösung?

gente que estudia español

17 In diesem Dialog fehlen die Antworten. Kreuze die jeweils passende an.

- ¿Cómo te llamas?
  o _____ ☐ Salvador.   ☒ Salvador Villa.

- ¿Salvador es tu nombre o tu apellido?
  o _____ ☐ El nombre.   ☐ Es el apellido.

- ¿Y cómo se escribe, con „be" o con „uve"?
  o _____ ☐ Con „uve".   ☐ Se escribe con „be".

- ¿Y Villa?
  o _____ ☐ También con „uve".   ☐ También con „be".

- ¿Cuál es tu número de teléfono?
  o _____ ☐ El 8 29 35 46.   ☐ 8 29 35 46.
- Muy bien. Gracias.

18 Schreibe zwei ähnliche Dialoge wie in Übung 17. Im ersten soll die Person Juana Arguedas heißen, im zweiten kannst du dir einen spanisch klingenden Namen ausdenken.

19 In diesen Ländernamen fehlen die Vokale (**a, e, i, o, u**). Kannst du sie ergänzen? Die Kassette hilft dir dabei.

1. G U A T E M A L A
2. N _ C _ R _ G _ _
3. P _ R _ G _ _ Y
4. _ R _ G _ _ Y
5. M _ X _ C _
6. P _ R _
7. P _ _ RT _   R _ C _
8. _ L   S _ LV _ D _ R
9. _ C _ _ D _ R

Hör noch einmal die Kassette, um dein Ergebnis zu überprüfen. Sprich danach die Ländernamen laut vor dich hin und achte dabei besonders auf die Aussprache der Vokale.

Doce

gente que estudia español

20 Ergänze die passenden Formen von **ser** und **llamarse** sowie – dort, wo es nötig ist – die Personalpronomen.

1. • **Yo** soy brasileño, ¿y vosotros?
   ○ Yo **soy** argentino, y **ella**, italiana.

2. • ¿Los señores Durán?
   ○ Sí, _____ nosotros.
   • ¿Sus nombres, por favor?
   ○ Yo me _____ Eva, y _____, Pedro.

3. • ¿Pablo Castellón?
   ○ Soy _____.

4. • Perdón, ¿Juan María Fuster?
   ○ _____ él.
   ■ Sí, _____ yo.

5. • ¿Es usted Julia Serrano Fortes?
   ○ No. _____ soy Hortensia Serrano. Julia es _____.

6. • ¿Y cómo _____ llamas?
   ○ Alberto. ¿Y tú?
   • _____, Elisa.

7. • Ustedes _____ los señores Ribas, ¿verdad?
   ○ Sí, y _____ Esmeralda Antón, ¿no?

Lernstrategien

1 Diese Substantive sind im Lehrbuch schon vorgekommen.

- ☐ ___ playa
- ☐ ___ comida
- ☐ ___ negocio
- ☐ ___ país
- ☐ ___ tradición
- ☐ ___ mundo
- ☐ ___ monumento
- ☐ ___ política
- ☐ ___ cultura
- ☐ ___ ciudad
- ☐ ___ paisaje
- ☐ ___ fiesta

Schreibe vor jedes Substantiv
- ein M, wenn es männlich ist,
- ein W, wenn es weiblich ist.

Schreibe anschließend auch den Artikel davor. Zum Schluss setzt du die Artikel und Substantive in den Plural und schreibst sie in dein Heft.

2 Sieh dir die folgenden Wörter an. Sie sind neu, du kennst sie noch nicht, aber das spielt keine Rolle. Kannst du aufgrund ihres Aussehens sagen, ob sie männlich oder weiblich sind? Schreibe den entsprechenden Artikel davor.

___ mesa	___ calle	___ tren
___ cantidad	___ medicina	___ café
___ escuela	___ teléfono	___ madre
___ juego	___ doctor	___ libro
___ suerte	___ siesta	___ autor
___ televisión	___ avión	___ señor
___ universidad	___ canción	___ profesor

Nimm ein Wörterbuch oder das alphabetische Wörterverzeichnis im Lehrbuch zu Hilfe und überprüfe, ob deine Vermutung richtig war. Jetzt kannst du eine vorläufige Regel aufstellen.

Wörter mit der Endung	sind in der Regel M (männlich) W (weiblich)	können M oder W sein
- o		
- a		
- ción, -sión		
- dad		
- e		
- or		

In den letzten Übungen hast du Phänomene der spanischen Sprache genau beobachtet und dabei eine Regel selbst aufgestellt. Wenn du diese Srategie des entdeckenden Lernens öfter anwendest, lernst du besser und schneller, denn wir behalten am besten das, was wir selbst herausgefunden haben.

Selbsteinschätzung

Im Allgemeinen:

	☀️	🌤️	⛅	☁️
Meine Mitarbeit ...				
Meine Fortschritte ...				
Meine Schwierigkeiten ...				

Und im Einzelnen:

	😀	🙂	😐	😕	😟
Grammatik					
Wortschatz					
Aussprache und Betonung					
Leseverstehen					
Hörverstehen					
Schreiben					
Landeskunde					

Lernertagebuch

Nach diesen vier Lektionen kann ich über das Spanische in der Welt und mein Interesse am Spanischen sprechen; ich weiß nun, wie spanische Vor- und Nachnamen klingen. Außerdem kann ich _____, _____ und _____. Am interessantesten waren für mich die Übungen _____ und _____, am wenigsten interessant, die Übungen _____ und _____. Ich glaube, dass ich noch mehr Übungen brauche, um (Zahlen / Grammatik / Buchstabieren / ...) _____ zu üben.

Quince

GRAMMATIKÜBERSICHT

DAS ALPHABET

A a	F efe	L ele	P pe	V uve
B be	G ge	Ll elle	Q cu	W uve doble
C ce	H hache	M eme	R ere/erre	X equis
Ch che/ce hache	I i	N ene	S ese	Y i griega
D de	J jota	Ñ eñe	T te	Z zeta
E e	K ka	O o	U u	

•••o Die Buchstaben sind weiblich:

    la ele, la zeta, la hache...

•••o Man sagt z. B.:

    Se escribe **con** hache.   Se escribe ~~con una~~ hache.

    Ana se escribe **con una ene**, y Hanna, **con dos**.

LAUTE UND IHRE SCHREIBWEISE

•••o Der Laut /x/ (wie Bu**ch**, **Ge**nte) schreibt sich: **ja, je, ji, jo, ju, ge, gi**.
Der Laut /g/ (wie **G**ast, **G**onzález) schreibt sich: **ga, go, gu** (**G**arcía, Para**gu**ay, **G**utiérrez), **gue, gui** (**Gue**rra, **Gui**nea).

•••o Der Laut /θ/ (wie das englische th): **za, ze, zi, zo, zu, ce, ci**.
Der Laut /k/ (wie in **K**ilo): **ca, co, cu, que, qui, ka, ke, ki, ko, ku**.

•••o Der Laut /b/ (wie in **B**uch): **ba, be, bi, bo, bu, va, ve, vi, vo, vu**.

•••o Der Buchstabe **Ll** wird ähnlich ausgesprochen wie das deutsche **J**: Mallorca, Paella.

•••o Der Buchstabe **H** wird nicht ausgesprochen (**h**ablar, **h**acer).

WIE MAN NACH DEM NAMEN FRAGT UND SEINEN NAMEN ANGIBT

¿Cómo te llamas? – Wie heißt du?
¿Cómo se llama usted? – Wie heißen Sie?

Me llamo Gerardo, y soy español, de Santander. – Ich heiße ...

DIE VERBEN **SER** UND **LLAMARSE**: PRÄSENS

	SER	LLAMARSE
(yo)	soy	me llamo
(tú)	eres	te llamas
(él, ella, usted)	es	se llama
(nosotros/as)	somos	nos llamamos
(vosotros/as)	sois	os llamáis
(ellos, ellas, ustedes)	son	se llaman

Dieciséis

GRAMMATIKÜBERSICHT

DIE PERSONALPRONOMEN: YO, TÚ, USTED...

SPRECHENDE PERSON (1. PERS.)	Yo - Nosotros/Nosotras
ANGESPROCHENE PERSON (2. PERS.)	Tú - Vosotros/Vosotras Usted - Ustedes
PERSON, VON DER MAN SPRICHT (3. PERS.)	Él/Ella - Ellos/Ellas

- In Lateinamerika verwendet man an der Stelle von **vosotros/as** in der Regel **ustedes**.

- Im Spanischen gibt es kein sächliches Pronomen („es"). Statt dessen kann man **esto** verwenden:

  Toma, **esto** es un mapa de Perú.
  Nimm, **das** ist eine Karte von Peru.

VERBEN UND SUBJEKTPRONOMEN

Anders als im Deutschen sind die Subjektpronomen nicht immer erforderlich. Man verwendet sie unter anderem, wenn der Sprecher ...

- davon ausgeht, dass auch andere etwas sagen (das Pronomen steht dann nur vor dem ersten Verb):

  • **Yo soy** colombiano y me llamo Ramiro.
  ○ **Yo**, peruana.
  ■ Y **yo**, también, peruana.

- sich auf mehr als eine Person bezieht:

  • **Ella es** española, y **yo** cubano.
  ○ **Yo me llamo** Javier, y **él**, Alberto.

- auf die Frage nach einem Namen antwortet. Beachte die Stellung des Pronomens:

  • ¿La señora Gutiérrez?
  ○ **Soy yo.**

  • ¿**Es usted** Gracia Enríquez?
  ○ **No, yo soy** Ester Enríquez. Gracia **es ella**.

NÜTZLICHE FRAGEN FÜR DEN UNTERRICHT

¿Cómo se escribe XXX? – Wie schreibt man XXX?
¿XXX se escribe con hache / con uve / ...? – XXX schreibt sich mit h /mit v /...?
¿Cómo se dice XXX en español? – Wie sagt man XXX auf Spanisch?
¿Qué significa XXX? – Was bedeutet XXX?
¿Cómo se pronuncia XXX? – Wie spricht man XXX aus?

Diecisiete

GRAMMATIKÜBERSICHT

DAS SUBSTANTIV

• Die spanischen Substantive sind entweder männlich oder weiblich, es gibt keine sächlichen Substantive. Das Geschlecht wird durch den Artikel angegeben:

MÄNNLICH **el** nombre, **el** país, **el** teléfono...
WEIBLICH **la** mesa, **la** política, **la** ciudad...

Im Allgemeinen (aber nicht immer), kann man das Geschlecht eines Substantivs an seiner Endung erkennen:

MÄNNLICH	WEIBLICH
-o	-a
-aje	-ción, sión
-or	-dad

• Man bildet den Plural der Substantive durch Anhängen von **s** oder **es**.

ENDUNG AUF VOKAL	-s
libro	libro**s**
casa	casa**s**

ENDUNG AUF KONSONANT	-es
país	país**es**
ciudad	ciudad**es**
canción	cancion**es**

• Dem Geschlecht und der Zahl des Substantivs müssen sich andere Elemente im Satz anpassen: Artikel, Demonstrativpronomen, Adjektive (egal ob vor- oder nachgestellt) …

Est**os** libro**s son** muy interesante**s**, ¿no?
Vergleiche dagegen im Deutschen: Das sind sehr interessant**e** Bücher.
Aber: Diese Bücher sind sehr interessant.

DIE DEMONSTRATIVPRONOMEN: ESTO, ESTE, ESTA, ESTOS, ESTAS

• In Verbindung mit einem Substantiv:

DIREKT VOR DEM SUBSTANTIV	GETRENNT VOM SUBSTANTIV
este país, **esta** ciudad,	**Éste** es mi teléfono.
estos países, **estas** ciudades	**Ésta** es mi ciudad.

• In Verbindung mit einem Eigennamen:

Éste es Julio.   **Ésta** es Ana.
Éstos son Julio y Carlos.   **Éstas** son Ana y Laura.
Éstos son Ana y Julio.

• In Verbindung mit einem Land oder einer Stadt:

Esto es Sevilla.

Éste es mi teléfono.

Hier findest du

folgende Übungen

1 Beruf, Alter und Nationalität

2 Beschreibung von Personen

3 Angaben zur Person: Wortschatz

4 Hobbys und Berufe

5 **Tocar/jugar a/ hacer/estudiar**

6 Angaben zur Person

7 Nationalitätsangaben: Wortschatz

8 Nationalitätsangaben: Wortschatz

9-10 HV Adjektive

11-12 HV Die Zahlen von 10 bis 100

13 Die Zahlen von 1 bis 100. Rechenaufgaben

14 Angaben zur Person erfragen: **tú/usted**

15 Verwandtschaftsbeziehungen

16 Wortschatz: Charaktereigenschaften

17 Name, Alter, Beruf, Familienbeziehungen

18 Charakter, Beruf, Familienstand, Nationalität

19-20 Die regelmäßigen Verben auf **-ar**; die Verben **ser** und **tener**

21 HV Dialoge mit Angaben zur Person

22 Dialoge mit Angaben zur Person

23 HV Die Satzmelodie bei der Frage

24 **Mismo/a/os/as, también**

25 **Los dos** + dritte Person Plural

26 Personen des eigenen Landes beschreiben

27 Sich selbst beschreiben

AGENDA

GRAMMATIK-ÜBERSICHT

gente con gente

❶ Suche dir zwei der Personen von Seite 20 und 21 aus dem Lehrbuch aus und notiere deine Vermutungen über ihren Beruf, ihr Alter und ihre Nationalität.

Creo que _____ es _____ y que _____ _____.
También creo que _____.

Creo que _____ es _____ y que _____ _____.
También creo que _____.

Erinnerst du dich an den Gebrauch der Personalpronomen (Grammatik-übersicht Seite 17)? Hier wird das Pronomen „yo" nicht benutzt, weil dieser Text nur für dich bestimmt ist.

❷ Nimm die Informationen der Seiten 22 und 23 im Lehrbuch zu Hilfe und notiere in den drei leeren Feldern die Namen der beschriebenen Personen.

Estudia en la Universidad.
No es divorciada.
Hace deporte.
No toca el piano.

No es soltera.
Trabaja en casa.
No es nada pedante.
Es mayor.
No baila flamenco.

No está casado.
Toca un instrumento musical que no es la batería.
No es español.
No es nada antipático.

gente con gente

3 Diese beiden Personenbeschreibungen sind unvollständig. Ergänze sie mit den angegebenen Begriffen. Danach kannst du auf Seite 23 im Lehrbuch nachsehen, ob du es richtig gemacht hast.

trabajadora   argentino   española   cariñoso   tenis

colecciona   periodista   fotógrafo   estudia

BEATRIZ SALAS GALLARDO
Es _____.
Es _____.
Juega al _____ y _____ inglés.
Es muy _____.

JORGE ROSENBERG
Es _____.
Es _____.
_____ sellos.
Es muy _____.

4 Schau die Seiten 22 und 23 im Lehrbuch an. Wähle zwei Häuser aus und...

- lies die Texte, die zu den beiden Häusern gehören.
- schau die Bilder dieser Häuser an und versuche dich an alles zu erinnern, was du über die Bewohner weißt, ohne den Text zu Hilfe zu nehmen.
- schließe das Buch: An welche ihrer Hobbys kannst du dich erinnern? Schreibe sie auf.

Du kannst nun dasselbe Spiel mit zwei anderen Häusern machen. Statt der Hobbys kannst du diesmal die Berufe aufschreiben.

5 Suche nun auf denselben Seiten im Lehrbuch Tätigkeiten, die in Verbindung mit den folgenden Verben stehen:

Toca	Juega a	Hace	Estudia
___	___	___	___
___	___	___	___
___	___	___	___
___	___	___	___
...	...	...	...

Kannst du noch andere Wörter hinzufügen? Sicher möchtest du wissen, wie deine Hobbys auf Spanisch heißen. Nimm ein Wörterbuch zu Hilfe.

gente con gente

6 Denk an zwei Personen aus deinem Bekanntenkreis (Verwandte, Freunde, Kollegen, Nachbarn) und fülle die beiden leeren Zettel wie im vorgegebenen Beispiel aus.

NOMBRE: María
APELLIDOS: Jover Pino
ESTADO CIVIL: soltera
EDAD: 31
PROFESIÓN: trabaja en una empresa de informática
AFICIONES: fotografía, teatro
CARÁCTER: muy inteligente y muy activa
RELACIÓN CONTIGO: vecina

NOMBRE:
APELLIDOS:
ESTADO CIVIL:
EDAD:
PROFESIÓN:
AFICIONES:
CARÁCTER:
RELACIÓN CONTIGO:

NOMBRE:
APELLIDOS:
ESTADO CIVIL:
EDAD:
PROFESIÓN:
AFICIONES:
CARÁCTER:
RELACIÓN CONTIGO:

Frage nun eine/n andere/n Kursteilnehmer/in nach den Angaben auf seinen/ihren beiden Zetteln und mache Notizen, denn du sollst danach
– dem Rest der Gruppe erklären, wer diese beiden Personen sind,
– eine kurze schriftliche Beschreibung verfassen.

- ¿Cómo se llama?
- María.
- ¿Es una amiga?
- No, es una vecina.
- ¿Y cuántos años tiene?
- 31.
- ¿Es casada?
- No, soltera.
- ¿A qué se dedica?
- Trabaja en una empresa de informática.
- ¿Y cómo es?
- Es muy inteligente y muy activa.

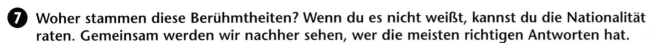

gente con gente

7 Woher stammen diese Berühmtheiten? Wenn du es nicht weißt, kannst du die Nationalität raten. Gemeinsam werden wir nachher sehen, wer die meisten richtigen Antworten hat.

Jacques Brel __belga__
Pierre y Marie Curie _____
Montserrat Caballé _____
Olof Palme _____
Rudi Carell _____
Steffi Graf _____
Elisabeth II y Lady Di _____
Niki Lauda _____

Aristoteles Onassis _____
Theodor Heuss _____
Sofia Loren y Anna Magnani _____
Los Rolling Stones _____
Elton John _____
Harrison Ford _____
Astrid Lindgren _____
Mika Häkkinen _____

↪ Notiere die Namen von zwei weiteren berühmten Personen. Die anderen Kursteilnehmer/innen müssen ihre Nationalität erraten.

8 Ein Gedächtnis-Spiel: Wie viele europäische Nationalitäten kannst du aufschreiben, ohne ins Buch zu schauen? Notiere sie in alphabetischer Reihenfolge.

Schreibe nun alle diese Nationalitäten in der weiblichen Pluralform auf.

9 Von wem ist auf der Kassette die Rede? Achte auf die Endungen der Adjektive und trage sie an der richtigen Stelle ein. Achtung: einige passen zu mehreren Personen.

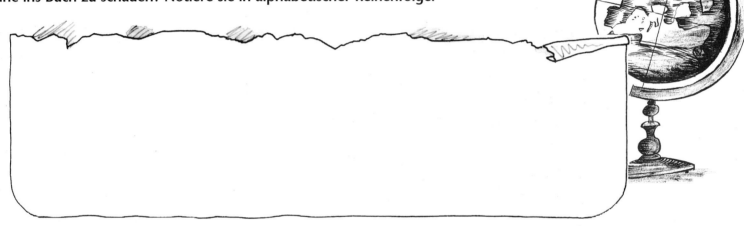

Juan es _____
Carolina es __activa,__ _____
Luis y Blanca son _____
Carolina y Carmen son _____
Pablo y Javi son _____

Veintitrés

gente con gente

10 Trage die Adjektive aus der vorherigen Übung – nach ihren Endungen geordnet – in diese Tabelle ein. Ergänze anschließend die übrigen Formen der Adjektive.

-o activo ———	-a activa ———	-os activos ———	-as activas ———
-or ——— ———	-ora ——— ———	-ores ——— ———	-oras ——— ———
-e ——— ———		-es ——— ———	
-ista ——— ———		-istas ——— ———	
-Konsonant (-l, -z,...) ——— ———		-Konsonant + es (-les, -ces,...) ——— ———	

11 Lies diese Zahlen laut vor.

☐ 24 ☐ 25 ☐ 35
☐ 42 ☐ 49 ☐ 52
☐ 58 ☐ 74 ☐ 85
☐ 92 ☐ 93 ☐ 94

Höre nun einige Gespräche und kreuze oben die sieben Zahlen an, die du hörst.

gente con gente

12 Kreuze auf diesem Lottoschein 8 Zahlen an und schreibe sie in Worten daneben, damit du sie nicht vergisst. Anschließend hörst du die Gewinnzahlen von der Kassette. Viel Glück!

Mis números son...

_____
_____
_____
_____
_____
_____
_____
_____

Wie viele Treffer hast du? Hör die Kassette noch einmal und notiere nun die Zahlen, die du nicht angekreuzt hattest.

13 Kombiniere die Zahlen jeder Gruppe so zu einer Rechenaufgabe, dass das angegebene Ergebnis herauskommt. Du kannst **más** (+), **menos** (-), **por** (x) und **entre** (:) verwenden. Schreibe deine Aufgabe auf, um sie den andern vorzustellen.

8 x 10 : 2 = 40

Ocho por diez entre dos igual a cuarenta.

Denk dir eine ähnliche Zahlengruppe für die anderen Kursteilnehmer/innen aus. Wer findet als erste/r die richtige Kombination?

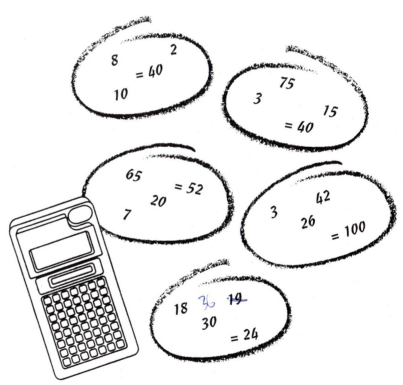

14 Wie lauten die passenden Fragen zu diesen Antworten?

Tú	Usted	
• • • • •	• • • • •	○ Javier Odriozola. ○ 42. ○ En una escuela de idiomas. ○ Soy profesor. ○ Andaluz, de Granada.

Veinticinco

gente con gente

15 Hier findest du einige Angaben über eine Familie. Kannst du ihren Stammbaum rekonstruieren?

- Elisa tiene tres hijos, dos hijos y una hija. También tiene cinco nietos.

- El abuelo se llama Tomás.

- Mario tiene dos hijos, un hijo y una hija.

- La mujer de Carlos se llama Teresa.

- Candela es la mujer de Mario.

- Ana no tiene hijos.

- El hijo de Candela es Jaime.

- La hermana de Jaime es Gala.

- Las niñas de Teresa se llaman Inés, Berta y Susana.

- El cuñado de Carlos se llama Luis.

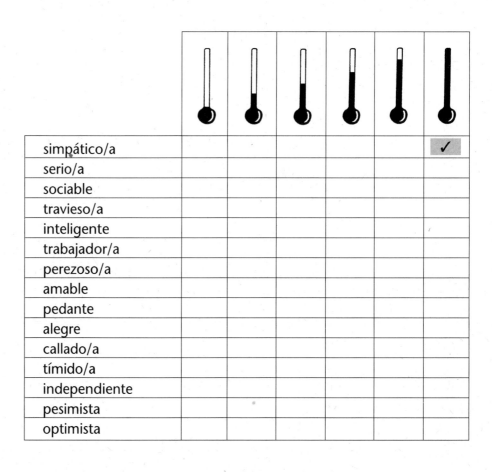

16 Stell dir vor, du sollst dir eine/n Kollegen/in aussuchen. Wie bewertest du die angegebenen Eigenschaften? Kreuze in der Tabelle die entsprechenden Felder an. Es ist sicher interessant, das Ergebnis mit den anderen im Kurs zu vergleichen und zu sehen, wie sie diese Eigenschaften bewerten.

> Yo creo que ser simpático es muy importante.

simpático/a						✓
serio/a						
sociable						
travieso/a						
inteligente						
trabajador/a						
perezoso/a						
amable						
pedante						
alegre						
callado/a						
tímido/a						
independiente						
pesimista						
optimista						

17 Pilar gibt dir einige Informationen über ihre Familie. Kannst du mit Hilfe der **fett** gedruckten Angaben die Tabelle unten auf der Seite vervollständigen?

Mi padre no se llama **Ramón** y no está **jubilado**.
Mi tía se llama **Mercedes**, pero no es **pintora**.
La **periodista** tiene **63** años.
Mi hermana es **estudiante**, pero no se llama **Luisa**.
El **jubilado** tiene **75** años.

Rodrigo es **profesor** en un Instituto y tiene **52** años.
Mercedes no tiene **27** años.
Mi madre tiene **dos años menos** que mi padre.
La **pintora** no se llama **Isabel**, pero tiene **50** años.
El marido de mi tía no es **Rodrigo**.

	¿Cómo se llama?	¿Cuántos años tiene?	¿A qué se dedica?
Mi padre			
Mi madre			
Mi hermana			
Mi tía			
Mi tío			

gente con gente

18 Welches Wort in jeder Reihe passt nicht zu den anderen? Warum? Es gibt verschiedene Kriterien.

Soltera, casada, cariñosa, viuda, separada.

Camarero, periodista, pintor, ama de casa, flamenco.

Amigo, vecino, estudiante, colega.

Chilena, italiana, francesa, noruega, irlandesa.

Madre, sueca, padre, hermano, abuelo.

Inteligente, amable, simpático, sociable, pedante.

19 Kannst du diesen Personen helfen sich vorzustellen? Dazu musst du aus den unten stehenden Angaben die passenden auswählen, sie in die erste Person umformen und in die entsprechenden Sprechblasen schreiben.

son novios

habla español y catalán

está jubilada

estudian arquitectura

tiene 40 años

habla español y un poco de inglés

tiene 68 años

habla español, inglés y francés

trabaja en un banco

son de Granada pero estudian en Sevilla

tiene 23 años

se llaman Pepe y Celia

se llama Julián y vive en Burgos

se llama Eulalia

vive en Barcelona, pero es de Zaragoza

se llama Lolita y vive en Madrid

20 Schreibe in diese Tabelle die Verbformen, die du in der vorigen Übung verwendet hast, und ergänze die fehlenden Formen.

	SER	ESTUDIAR	HABLAR	LLAMARSE
Yo				
Tú				
Él, ella, usted				
Nosotros/as				
Vosotros/as				
Ellos, ellas, ustedes				

Kannst du nun etwas über dich und deine Familie schreiben?

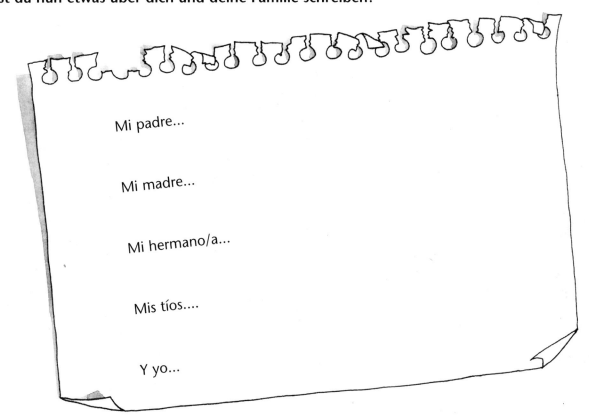

Mi padre...

Mi madre...

Mi hermano/a...

Mis tíos....

Y yo...

21 Von der Kassette hörst du sechs Fragen. Entscheide, welche der beiden Antworten jeweils die richtige ist, und kreuze sie an.

a) ☐ No, yo soy periodista.
   ☐ Sí, trabaja en el banco.

b) ☐ Sí, inglés y francés.
   ☐ Sí, estudiamos idiomas.

c) ☐ Me llamo Laura, ¿y tú?
   ☐ Laura.

d) ☐ Estudio en la Universidad.
   ☐ Es biólogo.

e) ☐ Carla, de Segovia, y yo de Ávila.
   ☐ María de Ávila y Carla de Segovia.

f) ☐ Sí, Ana biología y yo física.
   ☐ No, es camarero en un bar.

gente con gente

22 Wie lauten die Fragen zu den folgenden Antworten?

1. • _____
   ○ No, Magdalena es bióloga y yo soy periodista.

2. • _____
   ○ ¿Carlos? 30 ó 32.

3. • _____
   ○ Mi padre Antonio y mi madre Carmen.

4. • _____
   ○ No, ¿y usted?

5. • _____
   ○ Bueno, yo hablo un poco de inglés y Marta habla inglés y alemán.

23 Achte auf die Satzmelodie und kreuze an, was du hörst.

1. ☐ a) Se llama Raquel.
   ☐ b) ¿Se llama Raquel?

2. ☐ a) Es de Málaga.
   ☐ b) ¿Es de Málaga?

3. ☐ a) Tiene 18 años.
   ☐ b) ¿Tiene 18 años?

4. ☐ a) Trabaja en un banco.
   ☐ b) ¿Trabaja en un banco?

5. ☐ a) Vive en la Plaza Mayor.
   ☐ b) ¿Vive en la Plaza Mayor?

6. ☐ a) Son italianos.
   ☐ b) ¿Son italianos?

Hör noch einmal zu und wiederhole die Sätze mit der richtigen Betonung.

24 Sage in zehn Sätzen, was die sechs Personen auf dieser und der folgenden Seite gemeinsam haben.

Ignacio es aficionado al tenis y Elvira, también.
Juanjo e Ignacio hablan los mismos idiomas.

MARIBEL
19 años
tenis, música, viajes
español, inglés, francés
BURGOS

LAURA
26 años
música, leer
español e inglés
BURGOS

JUANJO
19 años
motos y viajes
español e italiano
VALENCIA

gente con gente

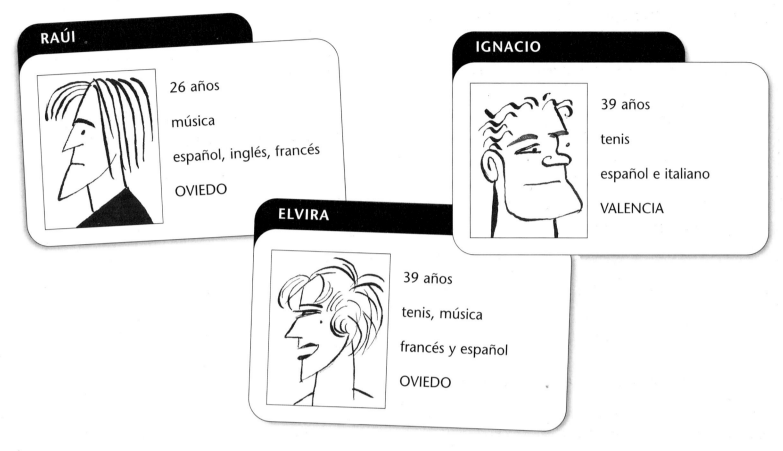

25 Nenne Gemeinsamkeiten der Personen wie im angegebenen Beispiel, ohne die Person zu nennen. Die anderen Kursteilnehmer/innen müssen raten, wer gemeint ist.

- Las dos son de Burgos.
○ ¡Maribel y Laura!

26 Im Unterricht hast du geschrieben, wie die Spanier deiner Ansicht nach sind. Nun kannst du Adjektive auflisten, um deine Landsleute zu beschreiben. Anschließend schreibst du einen kleinen Text.

Los alemanes somos muy...

27 Kannst du nun dich selbst beschreiben? Am besten füllst du ein Formular wie dieses aus.

Dein/e Kursleiter/in sammelt die Formulare ein und verteilt sie in der Gruppe. Ein/e Teilnehmer/in liest das Formular vor, das er/sie erhalten hat, die anderen raten, von wem es stammt.

EDAD:
   Tengo _____ años.

ESTADO CIVIL:
   Soy ☐ soltero/a.
       ☐ casado/a.
       ☐ viudo/a.
       ☐ divorciado/a.

CARÁCTER:
   Soy muy_____.
   Soy bastante_____.
   Soy un poco _____.
   No soy nada_____.

IDIOMAS:
   Hablo_____.

AFICIONES:_____
   _____.

31
Treinta y uno

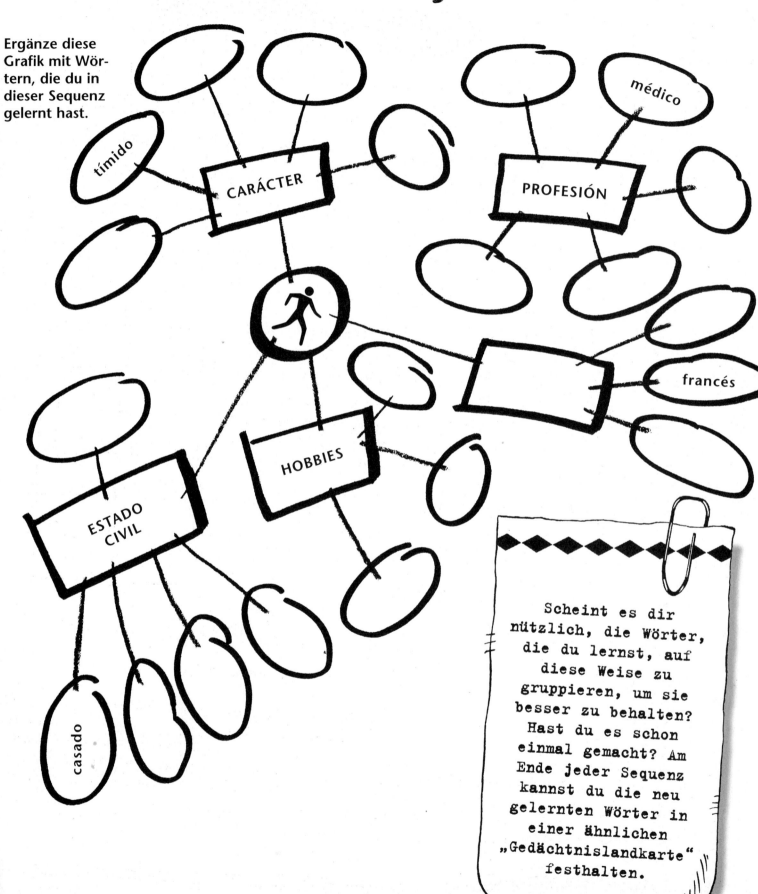

Selbsteinschätzung

Im Allgemeinen:

	☀	⛅	🌥	☁
Meine Mitarbeit ...				
Meine Fortschritte ...				
Meine Schwierigkeiten ...				

Und im Einzelnen:

	😀	🙂	😐	😕	😟
Grammatik					
Wortschatz					
Aussprache und Betonung					
Leseverstehen					
Hörverstehen					
Schreiben					
Landeskunde					

Lernertagebuch

Die Lektionen 5, 6, 7, und 8, *GENTE CON GENTE*, sind (sehr / ziemlich / nicht so sehr) _____ interessant. Am leichtesten ist für mich _____ und am schwierigsten ist _____. Jetzt kann ich die Zahlen bis 100 (gut / einigermaßen / mit Schwierigkeiten) _____ verstehen. Sie zu sprechen fällt mir (leicht / ein bisschen schwer / sehr schwer) _____. Ich kann die Nationalität der Europäer verstehen und benennen. Außerdem kann ich _____ und _____. Ich glaube, dass ich _____ und _____ noch mehr üben sollte.

GRAMMATIKÜBERSICHT

ZAHLEN

20 veinte	30 treinta	uno
21 veintiuno	40 cuarenta	dos
22 veintidós	50 cincuenta	tres
23 veintitrés	60 sesenta y	cuatro
24 veinticuatro	70 setenta	cinco
25 veinticinco	80 ochenta	seis
26 veintiséis	90 noventa	siete
27 veintisiete		ocho
28 veintiocho		nueve
29 veintinueve		

100 cien
101 ciento uno
102 ciento dos   ciento y dos   cien dos
110 ciento diez
199 ciento noventa y nueve

Tiene cien años.
No, ciento dos.

ADJEKTIVE

-o	-a	-os	-as
activo	activa	activos	activas
serio	seria	serios	serias
-or	**-ora**	**-ores**	**-oras**
trabajador	trabajadora	trabajadores	trabajadoras

-e	-es
alegre	alegres
inteligente	inteligentes
-ista	**-istas**
optimista	optimistas
deportista	deportistas
-Konsonant (-l, -z...)	**-Konsonant + es (-les, -ces...)**
fácil	fáciles
feliz	felices

In den meisten Fällen steht das Adjektiv im Spanischen hinter dem Substantiv:

una mujer **inteligente**   un niño **grande**   un niño muy **bueno**

Es gibt aber einige Ausnahmen, die häufig vorkommen:

un **buen** amigo   un **gran** amigo   una **buena** persona

Treinta y cuatro

GRAMMATIKÜBERSICHT

DIE ABSTUFUNG VON EIGENSCHAFTEN

Es **muy** simpático. – Er ist sehr sympathisch.
Es **bastante** trabajadora. – Sie ist ziemlich arbeitsam.
Son **un poco** tímidos. – Sie sind ein bisschen schüchtern.
No son **nada** sociables. – Sie sind überhaupt nicht gesellig.

MISMO/A/OS/AS

Mismo/a/os/as (der-, die,- dasselbe) richtet sich in Geschlecht und Zahl nach dem zugehörigen Substantiv.

Trabajan en el **mismo** sitio. – Sie arbeiten am selben Ort.
Viven en la **misma** calle. – Sie wohnen in derselben Straße.
Tienen los **mismos** problemas. – Sie haben dieselben Probleme.
Tienen las **mismas** ideas. – Sie haben dieselben Ideen.

GENTE UND PERSONAS

Das Wort **gente** (Leute) ist weiblich und steht im Singular.
Das Wort **persona** (Person) ist immer weiblich:

La **gente**, en general, es **buena**. – Die Leute sind im Allgemeinen gut.
Julio es **una buena persona**. – Julio ist ein guter Mensch.
Julia es **una buena persona**. – Julia ist ein guter Mensch.

BEZIEHUNGEN ZWISCHEN PERSONEN

- ¿Quién es?
- **Mi** hermano mayor.
  Mi cuñada Pepa.

- ¿Quién es?
- Un amigo **mío**.
  Una amiga **mía**.

- ¿Quién es?
- Un compañero de clase.
  Una compañera de trabajo.

mi padre / mi madre ⟶ mis **padres**
mi hermano / mi hermana ⟶ mis **hermanos**
mi hijo / mi hija ⟶ mis **hijos**

BESITZANZEIGER	mi/mis	tu/tus	su/sus
BESITZER	yo	tú	él/ella/usted, ellos/ellas/ustedes

DIE DREI KONJUGATIONSGRUPPEN

Man teilt die spanischen Verben nach ihrer Endung in drei Gruppen:

-AR	-ER	-IR
estudi**ar**	le**er**	escrib**ir**
habl**ar**	corr**er**	viv**ir**

Die Verben jeder Gruppe werden unterschiedlich konjugiert, aber bei den Verben auf **-er** und **-ir** sind viele Formen gleich.

GRAMMATIKÜBERSICHT

INDIKATIV PRÄSENS: VERBEN DER 1., 2. UND 3. KONJUGATION UND TENER

	ESTUDI**AR**	LE**ER**	ESCRIB**IR**	TENER
(yo)	estudi**o**	le**o**	escrib**o**	tengo
(tú)	estudi**as**	le**es**	escrib**es**	tienes
(él, ella, usted)	estudi**a**	le**e**	escrib**e**	tiene
(nosotros/as)	estudi**amos**	le**emos**	escrib**imos**	tenemos
(vosotros/as)	estudi**áis**	le**éis**	escrib**ís**	tenéis
(ellos, ellas, ustedes)	estudi**an**	le**en**	escrib**en**	tienen

NATIONALITÄT UND HERKUNFT

- ¿**De dónde eres?** – Woher bist du?
- Argentino. – Argentinier.   *Nationalität*

- ¿**De dónde es usted?** – Woher sind Sie?
- **De** Buenos Aires. – Aus Buenos Aires.   *Ort*

MÄNNLICH	WEIBLICH ANHÄNGEN VON **a**
alemán, francés, portugués...	aleman**a**, frances**a**, portugues**a**...
austriac**o**, suec**o**, norueg**o**, hondureñ**o**...	austriac**a**, suec**a**, norueg**a**, hondureñ**a**...

NUR EINE FORM	
Endung auf **-í**	iran**í**, marroqu**í**,...
Endung auf **-ense**	nicaragü**ense**, canadi**ense**, ...
	belga

ALTER

- ¿**Cuántos años tiene?**/¿**Qué edad tiene usted?** – Wie alt sind Sie?
  ¿**Cuántos años tienes?**/¿**Qué edad tienes?** – Wie alt bist du?
- Treinta. – Dreißig.
  Tengo treinta años. – **Ich bin** 30 Jahre alt.   ~~Soy treinta.~~

una mujer **de** cuarenta años – eine Frau **von** vierzig Jahren
un bebé **de** tres meses – ein Baby **von** drei Monaten

Ungefähre Altersangaben:

unos cuarenta años – ungefähr vierzig Jahre
un/a chico/a joven – ein junger Mann/ein junges Mädchen
un/a niño/a – ein Junge/ein Mädchen
un/a señor/a mayor – ein älterer Herr/eine ältere Dame

BERUFE

- ¿A qué se dedica usted? – Was sind sie von Beruf?
  ¿A qué te dedicas? – Was bist du von Beruf?

- Trabajo en un banco. – Ich arbeite bei einer Bank.
  Estudio en la universidad. – Ich studiere.
  Soy arquitecto. – Ich bin Architekt.
  Estoy parado. – Ich bin arbeitslos.
  Estoy jubilado. – Ich bin Rentner.

  Soy ~~un~~ profesor.   aber: Es un profesor muy bueno.

- Einige Berufsbezeichnungen haben zwei Formen, andere nur eine :

MÄNNLICH	WEIBLICH
un profesor	una profesora
vendedor	vendedora

EINE FORM FÜR BEIDE GESCHLECHTER
un/una periodista, artista, pianista
un/una cantante

- Heutzutage sind weibliche Berufsbezeichnungen im Umbruch. Man sagt:

MÄNNLICH	MÄNNLICHE FORM MIT WEIBLICHEM ARTIKEL	NEUE WEIBLICHE FORMEN
un juez	una juez	una jueza
un médico	una médico	una médica
un arquitecto	una arquitecto	una arquitecta
un abogado	una abogado	una abogada
un presidente	una presidente	una presidenta

FAMILIENSTAND

Soy / Estoy
- soltero/a. – Ich bin ledig.
- casado/a. – Ich bin verheiratet.
- viudo/a. – Ich bin Witwer/Witwe.
- divorciado/a. – Ich bin geschieden.

BEGRÜNDUNGEN MIT PORQUE

Tecla Riaño no trabaja **porque** tiene 72 años.
Uwe habla muy bien español **porque** vive en España.

9-10-11-12 gente de vacaciones

Hier findest du

folgende Übungen

1. Reiseanzeigen. Interessen und Vorlieben
2. HV Urlaubsaktivitäten
3. Vorlieben äußern: Verkehrsmittel, Jahreszeiten, Orte, etc.
4. **Gusta** oder **gustan**?
5. HV **Gusta** oder **gustan**?
6. Deine Vorlieben und Interessen
7. Me/te/le/nos/os/les, gusta/gustan
8. HV Gustar, interesar, querer und preferir
9. HV Die Verben **querer** und **preferir**: e>ie
10. **Está** und **hay**. Wortschatz zum Thema Stadt.
11. ¿Dónde está? ¿Hay un/una...?
12. Dein ideales Wohnviertel
13. Wortschatz zum Thema Stadt
14. HV Wie ist die Wohnung?
15. Fragen nach einer Wohnung
16. A mí/yo. También/tampoco.
17-18 HV A mí/yo. También/tampoco.
19. Die Monatsnamen
20. Spanische Feste
21. Test: Bist du gesellig?
22. HV Wortschatzwiederholung
23. Geografische Lage
24. HV Beschreiben und Situieren
25. Die Geografie deines Landes

AGENDA

GRAMMATIK-ÜBERSICHT

gente de vacaciones

1 Sieh dir diese beiden Anzeigen für Urlaubsreisen an.

Für welche der beiden Reisen könnten sich diese Personen interessieren?

gente de vacaciones

2 Hör zu, was Isabel, Clara und Toni über ihren Urlaub berichten, und kreuze für jede Person die zutreffenden Aussagen an.

	Clara	Toni	Isabel
prefiere ir a un camping			
va a un apartamento			
va a un pueblo pequeño			
le gusta ir a bailar			
puede ir a pescar			
monta en bicicleta			
va con sus hijos			

3 Welche Art von Urlaub bevorzugen diese Leute? Sieh dir die Zeichnungen an und schreib es auf.

gente de vacaciones

4 Gusta oder gustan? Ergänze die jeweils passende Form.

- Me _____ muchísimo vivir en el centro.
- ¿Sí? A mí me _____ más los barrios tranquilos.

- ¿Quieres ir en moto? ¿Vamos a dar un paseo?
- ¡Huy! No, gracias. A mí me _____ más andar.

- ¿Te _____ la comida mexicana?
- Sí, muchísimo.

- A mí, las playas con mucha gente no me _____ nada.
- A mí tampoco, la verdad.

- ¿Te _____ Madrid?
- Bueno, es que en general las ciudades grandes no me _____ mucho.

5 Worüber sprechen die Personen in diesen fünf kurzen Dialogen? Kreuze jeweils den zutreffenden Begriff an.

1. ☐ a) unas fotos de las vacaciones
   ☐ b) una moto nueva

2. ☐ a) una novela
   ☐ b) unos poemas

3. ☐ a) unas canciones
   ☐ b) un disco de música clásica

4. ☐ a) un coche
   ☐ b) unos chicos

5. ☐ a) una exposición de pintura
   ☐ b) unas casas

6 Was hältst du von folgenden Dingen? Nenne deine Meinung und verwende dazu **me interesa(n), no me interesa(n), me encanta(n), me gusta(n) mucho, no me gusta(n) nada**.

viajar en moto   los restaurantes chinos   leer poesía   el jazz

las discotecas   las playas desiertas   la política

Bach y Vivaldi   aprender idiomas   el cine americano   trabajar

jugar al rugby   la historia de España   la televisión

gente de vacaciones

7 Verbinde.

A mis hermanos	me gusta mucho	las canciones de Brel.
A mí	te gusta	viajar en coche, ¿verdad?
A Carlos	no le gustan mucho	la música clásica.
A María y a ti	nos encantan	las vacaciones en la playa.
A Carmen y a mí	os gustan	las novelas de Cortázar, ¿verdad?
A ti	no les gusta nada	la pintura de Dalí.

8 Du hörst nun den Anfang von vier Sätzen. Suche für jeden von ihnen unter den folgenden Satz-Enden das passende aus.

... porque nos interesa mucho Hispanoamérica.
1 prefiero viajar con mis amigos.
... prefiero viajar en coche o en tren.

... porque me gusta mucho la naturaleza y andar.
... preferimos ir a la playa unos días en verano.
... no me gusta nada ir con mi familia.

9 Du hörst verschiedene Gespräche. Kannst du sie den Bildern zuordnen?

Hör dir die sechs Gespräche anschließend noch einmal an und versuche alle Formen von **querer** und **preferir** zu notieren, die du gehört hast.

	QUERER	PREFERIR
yo		
tú		
él, ella		
nosotros/as		
vosotros/as		
ellos, ellas		

Unterstreiche nun die Formen, in denen aus e ⟶ ie wird.

9 10 11 12
gente de vacaciones

10 Sind die Aussagen über diesen Ort richtig (R) oder falsch (F)?

R F
☐ ☐ 1. La estación está en la plaza de España.
☐ ☐ 2. Hay dos farmacias en el pueblo.
☐ ☐ 3. Hay un hotel en la avenida de la Constitución.
☐ ☐ 4. La iglesia y el ayuntamiento están en la plaza de España.
☐ ☐ 5. La farmacia está en la calle Mayor.
☐ ☐ 6. La caja de ahorros y el teatro están en el parque.
☐ ☐ 7. El cine está al lado de la piscina.
☐ ☐ 8. El polideportivo está muy cerca de la piscina, al lado.
☐ ☐ 9. Hay un supermercado cerca de la escuela.
☐ ☐ 10. El campo de fútbol está en la calle Mayor.

Korrigiere nun die falschen Sätze.

La farmacia no está en la calle Mayor.

11 Kannst du in diesen Fragen **hay** oder **está** ergänzen und den Besuchern des Ortes Auskunft geben?

• Perdone, ¿dónde está la oficina de Correos?
○ (pl. España) En la plaza de España.

• ¿ _____ una farmacia por aquí?
○ (parque) _____

• ¿ _____ hotel en este pueblo?
○ (avda. Constitución)_____

• ¿Dónde _____ el banco, por favor?
○ (no/caja de ahorros/avda. Constitución) _____

• ¿Dónde _____ el supermercado?
○ (calle Mayor/cine)_____

• Perdone, ¿ _____ una agencia de viajes en el pueblo?
○ (no)_____

• ¿_____ un camping en el pueblo?
○ (piscina) _____

9 10 11 12

gente de vacaciones

12 Trage in diesen Plan sechs der folgenden Dinge ein, die für dich in einem Stadtviertel besonders wichtig sind.

una farmacia (F)
un supermercado (SM)
una estación (E)
un cine (C)
un hotel (H)
un parque (P)
un polideportivo (PD)
una iglesia (I)
un restaurante (R)
una piscina (PC)
un hospital (HP)
una escuela (EC)
un museo (M)

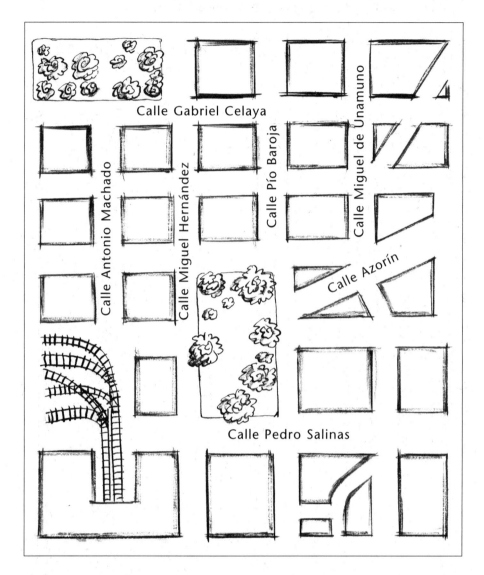

Ein/e Kursteilnehmer/in stellt dir Fragen, um herauszufinden, was es in deinem Viertel gibt und wo sich die einzelnen Dinge befinden. Anschließend fragst du ihn/sie.

• ¿Hay un museo en tu barrio?
◦ Sí.
• ¿Está en la plaza?
◦ No.
• ¿Dónde está?
◦ En la calle Gabriel Celaya.

13 Kannst du die beiden Listen ausfüllen? Nimm ein Wörterbuch zu Hilfe.

44
Cuarenta y cuatro

gente de vacaciones

14 Eine Person, die sich für diese Wohnung in Teneriffa interessiert, ruft im Reisebüro an, um sich genauer zu erkundigen. Hör dir das Gespräch an und markiere die zutreffenden Informationen.

El apartamento está...

- [x] cerca de la playa sí
- [ ] cerca de un campo de golf sí
- [ ] lejos del aeropuerto no
- [ ] cerca de la ciudad de Sta. Cruz
- [ ] en una zona muy tranquila sí

al norte

En los apartamentos hay...

- [ ] aire acondicionado sí
- [ ] teléfono sí
- [ ] televisión
- [ ] cinco habitaciones no
- [ ] parking sí
- [ ] piscina sí
- [ ] pistas de tenis sí

SOL, MAR Y TRANQUILIDAD

Ocasión: apartamento muy barato en Tenerife. 1-15 de agosto. Para 5 personas. Muy cerca de la playa. Viajes Solimar. Tlf. 4197654

15 Interessiert dich diese Wohnung? Warum? Welche Fragen möchtest du noch an das Reisebüro stellen?

16 Mit diesen Formen kann man Einverständnis und Widerspruch ausdrücken.

yo también	yo tampoco	a mí sí	a mí no
yo no	a mí también	yo sí	a mí tampoco

Wo passen sie als Reaktion auf die folgenden Aussagen?

● Quiero conocer Andalucía.
● Yo también.
● _____

● Me gusta muchísimo el teatro.
● _____
● _____

● No tengo vacaciones en agosto.
● _____
● _____

● No me interesa nada el golf.
● _____
● _____

45

Cuarenta y cinco

gente de vacaciones

17 Du hörst jetzt acht Aussagen. Wie lautet die jeweils passende Antwort? Trage den entsprechenden Buchstaben ein.

a) A mí también.
b) A mí tampoco.
c) Yo también.
d) Yo tampoco.

1. ☐   2. ☐   3. ☐   4. ☐

5. ☐   6. ☐   7. ☐   8. ☐

18 Hör noch einmal die Kassette und notiere das dritte Wort aus jedem Satz.

1. _____ 2. _____ 3. _____ 4. _____

5. _____ 6. _____ 7. _____ 8. _____

19 In dieser „Buchstabensuppe" verstecken sich 10 Monatsnamen. Kannst du sie finden? Welche Monate fehlen?

_____

_____

```
a l b a c e n e r o p m a r z o
b a r c l u j a s j u n i o h o
r u d t f v j k l o s e r y u i
i t i n e u s m e r z i n e z a
l n c s o c t u b r e j o m e o
m f i e s f c o l o a n v a r t
m a e t i u s g u t t h i l a g
j u m i f e b r e r t a e i g h
m i b r c n u o p f e r m a o u
p e r o q u m a y o p i b s s t
g e e i l o p a r t i c r s t h
s e p t i e m b r e e s e p o o
```

46
Cuarenta y seis

gente de vacaciones

20 Kannst du in diesem Text die Daten ergänzen? Schreibe die Monatsnamen aus.

En España, como en todos los países, hay muchas fechas importantes. Son fiestas religiosas, aniversarios de acontecimientos históricos o, simplemente, fiestas locales. Hay fiestas de origen religioso, como la Virgen de Agosto, _____, el día del apóstol Santiago -el _____- o el día de Todos los Santos, que es el _____.

Son fiesta, como en muchos países, el _____, día del Trabajo, el _____, Navidad, o el día de Año Nuevo: el _____.

Hay celebraciones históricas: el _____ es el día de la Constitución, una fecha muy importante en la historia política contemporánea de nuestro país (la constitución democrática después de la dictadura de Franco). Y el _____, que es el aniversario de la llegada de Colón a América.

También hay fiestas locales muy populares: el _____ son los famosos San Fermines de Pamplona, en Navarra; el _____ es Sant Jordi, una fiesta importante en Cataluña: es el día de la rosa y del libro.

El _____ es la Fiesta Mayor de Madrid. Y en San José, el _____, en Valencia se queman las Fallas.

Welches sind die wichtigsten Gedenk- und Feiertage in deinem Land? Schreibe sie mit den Monatsnamen auf.

gente de vacaciones

21 Beantworte die Fragen aus dem Test. Beim Lesen der Ergebnisse kannst du die Adjektive nachschlagen, die du in der Sequenz *GENTE CON GENTE* gelernt hast.

¿ERES SOCIABLE?

1. Cuando voy de vacaciones me gusta...

- ☐ a. ir solo/a o con mi novio/a. Ni amigos, ni familia.
- ☐ b. ir con la familia o amigos, pero también solo/a o con mi novio/a. Depende.
- ☐ c. ir con un grupo grande de amigos o con toda la familia.

2. Y cuando estoy en el lugar de vacaciones...

- ☐ a. me interesa más visitar los museos, ir a la playa o pasear.
- ☐ b. me gusta descansar pero también conocer las costumbres del lugar.
- ☐ c. me encanta hablar con la gente para conocer sus costumbres y tradiciones.

3. Me gusta viajar...

- ☐ a. en mi coche o en mi moto.
- ☐ b. en coche, en tren, en avión o en autobús.
- ☐ c. en autostop para conocer gente nueva.

4. Para estudiar o trabajar prefiero...

- ☐ a. estar solo/a, en casa con mi música y mis cosas.
- ☐ b. generalmente solo/a, pero estudiar con gente también es divertido.
- ☐ c. no me gusta nada trabajar solo/a: prefiero estar con amigos para estudiar o trabajar bien.

5. Y ahora, sinceramente: ¿Eres...

- ☐ a. serio/a, callado/a, tímido/a y perezoso/a para hablar con la gente?
- ☐ b. un poco tímido/a pero activo/a y sociable?
- ☐ c. muy simpático/a, sociable y cariñoso/a?

Mayoría de respuestas A: no eres sociable, claro, pero eres muy independiente. Una pregunta: ¿no te aburres un poco?
Mayoría de respuestas B: eres una persona muy normal. Eres sociable, abierto/a y seguramente tienes muchos y buenos amigos.
Mayoría de respuestas C: ¡enhorabuena! Tú no tienes problemas para conocer gente; donde quieres y cuando quieres. Eres muy, muy sociable... ¿demasiado?

gente de vacaciones

22 Ergänze diese Wörtersammlung mit den neuen Wörtern, die du in dieser Sequenz gelernt hast.

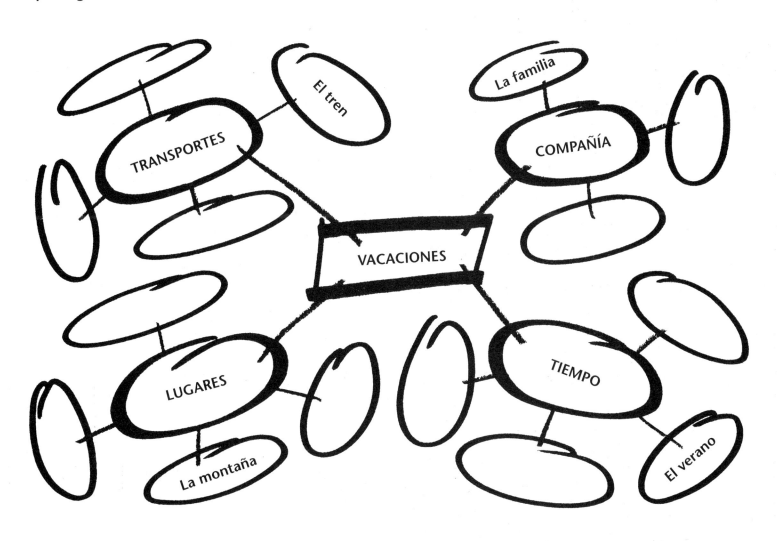

23 Schau dir die Landkarte auf Seite 39 im Lehrbuch an und versuche herauszufinden, wovon in diesen Sätzen die Rede ist.

1. Son unas islas que están al Sureste de Argentina: _____

2. Es un lago que está al Oeste de La Paz: _____

3. Es la capital del país que está al Noroeste de Perú: _____

4. Es un río que pasa por el Norte de Argentina: _____

Kannst du nun folgende Orte beschreiben?

a. Machu Picchu: _____

b. Amazonas: _____

c. Córdoba: _____

d. Sierra Nevada: _____

gente de vacaciones

24 Sieh dir diese Karte der Fantasie-Insel „Barnabi" genau an und trage die untenstehenden Begriffe an der passenden Stelle ein.

| lago | mar | montaña | pueblo | río | puerto | ciudad | playa | hotel | camping | aeropuerto |

Was weißt du nun über diese Insel? Notiere sieben weitere Informationen.

1. Hay un río que está al Sur de la montaña, cerca del pueblo.
2. _____
3. _____
4. _____
5. _____
6. _____
7. _____
8. _____

gente de vacaciones

 Hör dir diese Informationen über eine andere Insel in der Nähe von „Barnabi" genau an. Es ist die Insel „Tacri". Erstelle eine Liste mit den Dingen, die es dort gibt. Hör die Informationen anschließend noch einmal und versuche auf der Zeichnung alles zu ergänzen, was fehlt.

 25 Erstelle eine Liste mit fünf geografischen Begriffen. Dein/e Kursleiter/in sammelt alle Listen ein und verteilt sie in der Gruppe. Frag nun nach den Begriffen auf der Liste, die du erhalten hast, und bereite deine Antworten mit Hilfe der Tabelle vor.

● ¿Qué es Trondheim?
○ Una ciudad de Noruega.

	LUGAR	DESCRIPCIÓN
1		
2		
3		
4		
5		

Cincuenta y uno

Lernstrategien

Sieh dir Tere und Rodolfo genau an. Wie stellst du dir ihren jeweiligen Urlaub vor? Notiere ihre Initialen (T oder R) neben den Dingen, die du mit ihnen in Verbindung bringst.

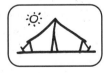

Jetzt kannst du hören, was Tere und Rodolfo über ihren Urlaub sagen. Bestätigt sich deine Vermutung?

> Du siehst: die Situation und deine Erfahrung mit Dingen oder Menschen erlauben es dir, Vermutungen anzustellen über das, was du hören oder lesen wirst. Diese Vermutungen helfen dir beim Verstehen, sowohl im Unterricht als auch im täglichen Leben.

Autoevaluación

En general:

	☀️	🌤️	⛅	☁️
Mi participación en clase				
Mi trabajo en casa				
Mis progresos en español				
Mis dificultades				

Y en particular:

	😀	🙂	😐	😕	😟
Gramática					
Vocabulario					
Fonética y pronunciación					
Lectura					
Audición					
Escritura					
Cultura					

Diario personal

(Me gusta mucho / No me gusta) _____ hablar con mis compañeros de las vacaciones. Ahora yo puedo hablar de mis vacaciones (muy bien / regular / con problemas) _____ y puedo describir qué hay en mi ciudad y mi barrio (muy bien / regular / con problemas). Me gustan mucho las actividades _____, pero no me gustan las actividades_____. Entiendo (muy bien / bien / con dificultad) _____ la diferencia entre "hay" y "está/n". Y puedo hablar de mis gustos y preferencias con los verbos "gustar" y "preferir" (muy bien / bien / con dificultad) _____ .

GRAMMATIKÜBERSICHT

WIE MAN ÜBER SEINE VORLIEBEN UND INTERESSEN SPRICHT

Me gust**a**	la playa / este bar / ...	SUBSTANTIV IM SINGULAR
Me interes**a**	pasear / conocer gente / ...	VERB IM INFINITIV
Me encant**a**		

Me gust**an**		
Me interes**an** }	los deportes / las ciudades / ...	SUBSTANTIV IM PLURAL
Me encant**an**...		

a mí	me			a mí	me		
a ti	te			a ti	te		
a él	le			a él	le		
a ella	le	gusta/n { muchísimo. mucho. bastante.		a ella	le	no le gusta/n { mucho. nada.
a usted	le			a usted	le	
a nosotros/as	nos			a nosotros/as	nos	
a vosotros/as	os			a vosotros/as	os	
a ellos	les			a ellos	les	
a ellas	les			a ellas	les	
a ustedes	les			a ustedes	les	

A mí me gusta visitar parques.

A mí me gusta visitar museos.

Aber: Me encanta/n ~~muchísimo / mucho / bastante~~.

Y, NO... NI, TAMBIÉN, TAMPOCO, PERO, PUES

En el pueblo hay un hotel **y** dos bares. **También** hay un casino.
In dem Dorf gibt es ein Hotel **und** zwei Kneipen. Es gibt **auch** ein Kasino.
En el pueblo **no** hay cine **ni** teatro. Y **tampoco** hay farmacia.
In dem Dorf gibt es **weder** Kino **noch** Theater. Und es gibt **auch keine** Apotheke.
En el pueblo no hay restaurante, **pero** hay dos bares y una cafetería.
In dem Dorf gibt es kein Restaurant, **aber** zwei Kneipen und ein Cafe.

•••○ Um eine gegenteilige Meinung einzuleiten, verwendet man oft **pues**:

● Me encanta.
○ **Pues** a mí no me gusta mucho.

SÍ, NO, TAMBIÉN, TAMPOCO

● (A mí) me gusta mucho el cine.   ○ **A mí también**. – Mir auch.
  A mí, no. – Mir nicht.

● (A mí) no me gustan las ciudades.   ○ **A mí, tampoco**. – Mir auch nicht.
  A mí, sí. – Mir wohl.

● (Yo) soy profesor de español.   ○ **Yo, también**. – Ich auch.
  Yo, no. – Ich nicht.

● (Yo) no tengo dinero para ir en avión.   ○ **Yo, tampoco**. – Ich auch nicht.
  Yo, sí. – Ich wohl/doch/schon.

¿A ti te gusta?
Sí, mucho.
Pues a mí no mucho.

Cincuenta y cuatro

GRAMMATIKÜBERSICHT

HAY UND ESTÁ/N

Mit **hay** gibt man an, ob etwas grundsätzlich vorhanden ist oder nicht.

- Um nach bestimmten Angeboten oder Dienstleistungen zu fragen, verwendet man im Spanischen keinen Artikel.

  • ¿Hay farmacia en el camping? – Gibt es **eine** Apotheke auf dem Campingplatz?
  ○ No, en el camping no hay farmacia. – Nein, es gibt **keine** Apotheke.

Man verwendet das Substantiv im Singular, wenn es wahrscheinlich nur eins gibt. Man verwendet es im Plural, wenn es wahrscheinlich mehrere gibt.

  • ¿Hay tiendas de electrónica en este barrio?
  ○ No, en este barrio no hay.

- Wenn die gesuchte Sache mehr interessiert als der Ort, an dem sie sich befindet, verwendet man **hay** mit dem unbestimmten Artikel (**un/una**).

Beachte:

En el pueblo hay { un bar. / una farmacia — SINGULAR
dos / tres / ... bares. / muchas / varias / ... farmacias. — PLURAL

Está oder **están** verwendet man, um Dinge oder Orte zu lokalisieren.

SINGULAR El bar **está** en la calle Mayor.
          La farmacia **está** en la plaza.

PLURAL   Los bares **están** en la avenida de la Constitución.
          Las farmacias **están** en la plaza y en la calle Mayor.

VERBEN MIT VOKALWECHSEL E>IE: QUERER UND PREFERIR

	QUERER	PREFERIR
(yo)	qu**ie**ro	pref**ie**ro
(tú)	qu**ie**res	pref**ie**res
(él, ella, usted)	qu**ie**re	pref**ie**re
(nosotros/as)	queremos	preferimos
(vosotros/as)	queréis	preferís
(ellos, ellas, ustedes)	qu**ie**ren	pref**ie**ren

Quiero / Prefiero / ... } **un apartamento** barato.
                          las vacaciones en septiembre.   — SUBSTANTIVE

Quiero / Prefiero / ... } **visitar** el Museo Picasso.
                          alojarme en un camping.   — VERBEN IM INFINITIV

55
Cincuenta y cinco

13-14-15-16 GENTE DE COMPRAS

gente de compras

Hier findest du

folgende Übungen

1 Wortschatz: Geschäfte und Produkte
2 Wortschatz: Geschäfte und Produkte
3 Wortschatz: Geschäfte und Produkte
4 Nach dem Preis fragen
5 Éste/ésta/éstos/éstas
6 HV Éste/ésta/éstos/éstas
7 HV Währungen: la peseta, el dólar...
8 Währungen und Mengenangaben
9 Wortschatz: Kleidung
10 HV Preise und Produkte
11 Das Verb tener
12 Tener que
13 Wortschatz: Farben
14 Wortschatz: Farben
15 Farben: Geschlecht und Zahl
16 Kleidung und ihre Eigenschaften
17 Kleidung und persönliche Gegenstände
18 HV Kleidung und ihre Eigenschaften
19 Die Farben: Geschlecht und Zahl
20 Poder + Infinitiv Wortschatz
21 Lo/la/los/las
22 Lo/la/los/las
23 Dinge beschreiben
24 Dinge beschreiben
25 Wortschatzwiederholung
26 Lo/la/los/las, le/les
27 HV Vorschläge für ein Geschenk machen
28 HV Mengen und Zahlen
29 Ein unvollständiger Brief an die Hl. Drei Könige
30 Das Verb tener
31 Tener un/una
32 Éste/esto

AGENDA

GRAMMATIK-ÜBERSICHT

Cincuenta y seis

gente de compras

1 Schau dir diese drei Einkaufslisten an. In welche Läden von „Gentishop"
(Lehrbuch Seite 40/41) müssen diese Personen gehen?

RAMÓN

una novela para Alicia
desodorante
aspirinas
dos periódicos:
"Le Monde" y "El País"
un secador de pelo

TIENE QUE IR A:

_____
_____
_____
_____
_____

ANAMARI

pasteles
sobres
un ramo de flores
dos botellas de vino
pelotas de tenis
una corbata para Luis

TIENE QUE IR A:

_____
_____
_____
_____
_____

ALBERTO

unos zapatos
dos revistas:
"Marie-Claire" y "Hola"
unas postales
espuma de afeitar
una cafetera

TIENE QUE IR A:

_____
_____
_____
_____
_____

2 Wo kannst du folgende Dinge kaufen? Schreib die Läden auf wie im angegebenen Beispiel.

Las flores, en la floristería.

_____

_____   _____

_____

_____

Cincuenta y siete

gente de compras

3 Denk an sechs Dinge, die du in den letzten zwei Wochen gekauft hast. In welchen Läden von „Gentishop" (Lehrbuch S. 40/41) kann man sie kaufen?

4 Frag nach dem Preis für folgende Dinge. Achte dabei auf **cuesta/cuestan** und **este/a/os/as**.

- ¿Cuánto cuestan estos pantalones?
- 34.000 pesetas.

- ○ 200 pesetas.

- ○ 14.000 pesetas.

- ○ 2.700 pesetas.

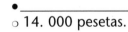

- ○ 85 pesetas.

- ○ 4.075 pesetas.

- ○ 258.795 pesetas.

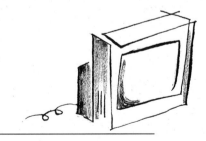

- ○ 1.700 pesetas.

Welche dieser Dinge erscheinen dir teuer oder billig? Schreib es auf.
Du kannst dabei **un poco, bastante, muy, demasiado** verwenden.

Los pantalones son muy caros.

gente de compras

5 Hier ist von folgenden Dingen die Rede: *unos calcetines, una chaqueta, unas botellas de cava, un perfume.*
Schreibe die Begriffe an die passende Stelle.

WENN MAN SAGT:
Éste es un poco fuerte, ¿no?
A mí me gusta ésta.
Éstas son muy caras.
Y éstos, ¿cuánto valen?

SPRICHT MAN VON:
_____
_____
_____
_____

6 Hör nun 10 Gepräche in einem Geschäft und kreuze an, wovon jeweils die Rede ist.

1. ☐ una americana
   ☐ un pañuelo

2. ☐ un reloj
   ☐ unas pilas

3. ☐ una revista
   ☐ unas cintas de vídeo

4. ☐ un perfume
   ☐ unos calcetines

5. ☐ unas flores
   ☐ unos pasteles

6. ☐ una guitarra
   ☐ un disco de jazz

7. ☐ una novela
   ☐ un reloj

8. ☐ una botella de leche
   ☐ un paquete de café

9. ☐ unos zapatos
   ☐ una cámara de fotos

10. ☐ una cafetera
    ☐ unas pelotas de tenis

7 Hier sind die Namen verschiedener Währungen. Notiere sie in der entsprechenden Spalte.

yen   peseta   dólar   marco   libra   lira   florín   franco   escudo   corona

MÄNNLICH
el yen
_____
_____
_____
_____
_____

WEIBLICH
la peseta
_____
_____
_____
_____

gente de compras

8 Eine internationale Reisegruppe braucht Peseten. Jeder der Reisenden hat seine eigene Währung dabei. Kannst du ihnen helfen auszurechnen, wie viele Peseten die folgenden Summen wert sind? Schreibe die Zahlen aus.

a. Cien libras irlandesas..... son veintidós mil seiscientas pesetas.
b. Mil escudos portugueses ....
c. Diez mil liras italianas ....
d. Diez dólares USA ....
e. Mil dracmas griegos ....
f. Cien marcos alemanes ....
g. Mil libras esterlinas ....
h. Cien yenes japoneses ....
i. Diez francos suizos ....
j. Cien dólares australianos ....
k. Mil chelines austriacos ....
l. Cien coronas danesas ....
m. Mil florines holandeses ....
n. Mil francos belgas ....

DIVISAS 3-7-97
Venta

1 dólar EE.UU.	148
1 ECU	166
1 marco alemán	84
1 franco francés	25
1 libra esterlina	248
100 liras italianas	8
100 franc. belgas	409
1 florín holandés	75
1 corona danesa	22
1 libra irlandesa	226
100 escudos portugueses	83
100 dracmas griegas	53
1 dólar canadiense	107
1 franco suizo	100
100 yenes japoneses	129
1 corona sueca	19
1 corona noruega	20
1 marco finlandés	28
1 chelín austriaco	12
1 dólar australiano	111
1 dólar neozelandés	100

9 Erinnerst du dich, wie diese Kleidungsstücke heißen?

60
Sesenta

gente de compras

10 Hör dir die Sonderangebote von „Gentishop" an. Leider hat man vergessen, die neuen Preise einzusetzen. Ergänze die Preisschilder.

11 Vervollständige die Sätze mit der passenden Form von **tener**.

- Oye, Jaime, ¿_____ cámara de fotos?
○ Yo no, pero mi mujer _____ una.

- ¿Cuántos años _____?
○ Yo _____ veintidós, y Gloria, veinte.

- Los padres de Javier _____ muchísimo dinero: _____ dos casas en la playa y un coche deportivo fantástico.
○ ¿En serio?

- ¿Celia y tú _____ hijos?
○ Sí, _____ dos niñas, Ana y Bea.

12 Notiere fünf Dinge, die du normalerweise in der Woche tun musst, und fünf, die Bekannte von dir tun müssen. Verwende dabei **tengo que** bzw. **tiene que**.

Yo tengo que ir a la universidad.

Mi hermana tiene que ir a clase de español.

Sesenta y uno

gente de compras

13 Welche Dinge fallen dir zu jeder Farbe ein? Du kannst ein Wörterbuch zu Hilfe nehmen.

cosas azules — el mar, unos vaqueros...

cosas negras

cosas blancas

cosas verdes

cosas marrones

cosas amarillas

cosas rojas

cosas rosas

14 Diese Dinge haben keine Farbe, trotzdem denkst du bestimmt an eine, wenn du die Begriffe liest. An welche?

El verano, lo veo _____
La primavera, _____
El otoño, _____
El invierno, _____

Haben für dich die Wochentage eine bestimmte Farbe? Und die Monate? Notiere ein paar von ihnen.

Besprich deine Eindrücke mit den anderen. Sicher stellt sich jede/r von euch die Dinge in unterschiedlichen Farben vor.

El domingo, lo veo _____
El mes de julio, lo veo _____

Sesenta y dos

gente de compras

15 Erinnerst du dich an die Adjektive aus der Sequenz *GENTE CON GENTE*? Schreibe nun die Farben (im Singular und Plural) an die passende Stelle der Tabelle.

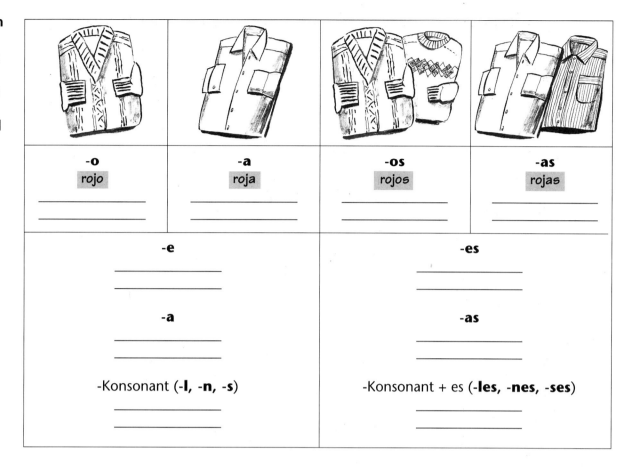

-o	-a	-os	-as
rojo	roja	rojos	rojas
___	___	___	___

-e		-es	
___		___	
___		___	
-a		-as	
___		___	
___		___	
-Konsonant (-l, -n, -s)		-Konsonant + es (-les, -nes, -ses)	
___		___	
___		___	

16 Kannst du die Sätze den Personen zuordnen? Notiere die entsprechende Zahl.

1. Lleva ropa muy juvenil: hoy lleva una camiseta blanca y una falda azul y blanca. Y siempre, botas.
2. Le gusta la ropa clásica y elegante, pero cómoda. Hoy lleva una chaqueta y una falda marrones y unos zapatos de tacón, marrones también.
3. Le gusta la ropa informal: lleva siempre pantalones vaqueros y camiseta blanca.
4. Siempre va muy elegante. Lleva pantalones grises, chaqueta azul, camisa blanca y pajarita.
5. Es muy clásico: siempre con pantalones, chaleco y chaqueta.
6. Lleva un vestido largo azul y unos zapatos rojos.

gente de compras

17 Du wirst eine der folgenden Reisen unternehmen:

- unas vacaciones de dos semanas en Canadá en noviembre
- un viaje de trabajo a Cuba
- cuatro semanas en Argentina, en diciembre
- tres días en Caracas

Suche dir eine der Reisen aus und erstelle eine Liste mit den Kleidungsstücken und eventuell anderen Dingen, die du mitnimmst.

Der/Die Kursleiter/in sammelt die Listen ein und verteilt sie neu. Jede/r liest diejenige, die er/sie erhalten hat, laut vor. Die anderen müssen raten, wohin die Reise gehen soll.

18 Dies sind einige Freunde von Javier. Hör zu, wie er sie beschreibt, und notiere ihre Namen.

1. _____
2. _____
3. _____
4. _____

19 Hör dir Javiers Beschreibung noch einmal an und ergänze im Text die fehlenden Farben.

Mira, el que lleva una chaqueta _____ y unos pantalones _____ es Alejandro, mi mejor amigo, y la chica que lleva un vestido largo y unos zapatos de tacón es Lucía, su novia. Es muy simpática, pero un poco rara. Rosa es la de la minifalda _____ y el jersey _____. Normalmente lleva siempre pantalones, pero ese día se puso falda. Y la última es Lola. Es la que lleva un vestido _____ y un abrigo _____. Es guapa, ¿verdad?

gente de compras

20 Einige Personen bereiten die Geburtstagsfeier eines Freundes vor. Ergänze die passenden Formen von **poder** und die Wörter aus dem grauen Feld.

| platos y vasos | bebidas | regalo | servilletas | comida | tarta de cumpleaños |

- Yo _____ traer los _____.
- ¿Y _____ (tú) traer las _____ también?

- Carlos y Verónica _____ preparar la _____. Cocinan muy bien.

- Nosotras tres _____ comprar el _____ en Gentishop.

- ¿Quién _____ comprar las _____?
- Yo mismo. A ver..., cocacolas, cervezas, vino...

- Oye, ¿Javier y tú _____ hacer una _____?
- De chocolate, por ejemplo.
- Vale, sí, _____ hacerla nosotros.

21 Schau dir diese Dialoge an. So spricht man nicht, oder? Normalerweise verwendet man **lo, la, los, las**, um Wiederholungen zu vermeiden.

- ¿Dónde tienes el coche?
- Tengo el coche en casa. → **Lo tengo en casa.**

- ¿Necesitas la moto este fin de semana?
- Sí, necesito la moto el sábado para ir a una fiesta. → ☐

- ¿Quién puede traer las cervezas?
- Yo puedo traer las cervezas. → ☐

- ¿Dónde compras el vino? Es muy bueno.
- Pues compro el vino siempre en la bodega de Gentishop. → ☐

22 Von welchen der Dinge auf dem Zettel ist hier die Rede? Trage die passende Zahl ein.

1. Lo puedes comprar en una joyería.
2. Los comes en las fiestas y son de nata, de chocolate, etc.
3. Los necesitas para ir a trabajar, para ir a clase...
4. La gente la compra normalmente en el supermercado.
5. Las puedes leer en casa, en el autobús, en la peluquería...
6. La usas para pagar, pero no es dinero.
7. Normalmente lo llevan las mujeres y no es una falda.
8. Las puedes comer en restaurantes o en casa.

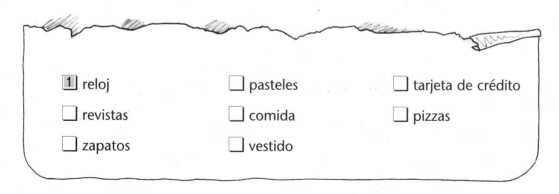

1 reloj	☐ pasteles	☐ tarjeta de crédito
☐ revistas	☐ comida	☐ pizzas
☐ zapatos	☐ vestido	

23 Nun beschreibst du die folgenden Dinge nach dem Muster von Übung 22. Lies deine Beschreibung vor. Die anderen raten, wovon du sprichst.

| unos pantalones | el vino | las flores | el tabaco | el teléfono | la lavadora |

Sesenta y cinco

gente de compras

24 Suche dir fünf Objekte aus dieser Lektion aus und beschreibe sie mit Hilfe von **lo, la, los, las**, so wie in Übung 22. Im Unterricht liest du deine Beschreibung vor und die anderen raten, worauf du dich beziehst.

25 Dein/e Kursleiter/in nennt einen Buchstaben (la **ce**, la **ese**, la **ele**...). Wer findet als erste/r zu jeder der nebenstehenden Kategorien ein Wort, das mit diesem Buchstaben anfängt?

una prenda de ropa

una ciudad de Hispanoamérica

algo que se puede regalar

una nacionalidad

una palabra relacionada con las vacaciones

Wenn ihr wollt, könnt ihr mit anderen Buchstaben weitermachen oder neue Kategorien hinzufügen.

26 Diese Geschwister beratschlagen über Weihnachtsgeschenke. Ergänze den Dialog mit **le, les, lo, los, la, las**. Die *kursiv* gedruckten Begriffe können dir dabei helfen.

- Pues *a la tía Alicia* podemos comprar___ un pañuelo.
○ Sí, un pañuelo o una novela.
- Y a la tía Mari, pues..., otro pañuelo.
○ ¿Otro? Mejor ___ regalamos el pañuelo a Mari y la novela a Alicia.
- Muy bien. *El pañuelo* ___ compro yo. ¿Compras tú la novela?
○ De acuerdo. Yo ___ compro.

- ¿Y *para los tíos* Rodrigo y María Luisa?
○ No sé, podemos comprar___ un disco. Están buscando uno de Bach que no tienen.
- Vale, *pues un* disco. ¿Quién ___ compra, tú o yo?
○ Puedo comprar___ yo.

- Y *a la abuela*, ¿qué ___ compramos?
○ *A la abuela* podemos comprar___ un reloj. Tiene uno que no funciona muy bien.
- Un reloj es un poco caro, ¿no?
○ Hombre, depende...

- *La prima Isabel* quiere unas gafas de esquí.
○ Bueno, pues ___ compramos *unas gafas*. ¿___ compras tú?
○ Vale.

gente de compras

27 Erstelle in der linken Spalte eine Liste mit den Personen, denen du ein Geschenk machen möchtest. Hör dir anschließend die Vorschläge von der Kassette an und sage, was du davon hältst.

1.- mi hermana   No, un pañuelo de seda, no. Mejor un libro de arte, que le gustan mucho.

2.-_____   _____

3.-_____   _____

4.-_____   _____

5.-_____   _____

6.-_____   _____

28 „Gentilandia" ist ein Fantasieland mit wenigen Einwohnern. Seine offizielle Währung ist der „Pesito". Hör dir diese Informationen über „Gentilandia" an und unterstreiche die Zahlen, die du hörst.

444.000	44.000
20.000	650.000
50.600	6.000
3.55	3.500
200.000	325.000

Hör nochmals die Kassette. Kannst du danach die Fragen beantworten?

1. ¿Cuántos kilómetros cuadrados tiene Gentilandia?_____

2. ¿Cuántas mujeres viven en este país? _____

3. ¿Cuánto cuesta una cerveza en un bar?_____

4. ¿Cuánto puede costar comer en un restaurante?_____

5. ¿Cuál es el número de teléfono de la Oficina de Turismo? _____

gente de compras

29 Lies diesen Brief an die Heiligen Drei Könige. In jeder Zeile fehlt ein Wort. Markiere die Stelle, an der es fehlt und schreibe das Wort neben den Brief.

Queridos Reyes: este año quiero ↓ mí un tren eléctrico,

un coche teledirigido (tengo pero no funciona) y un

disco de los Beatles. Me gustan mucho, y mi madre

encantan también. Bueno, para mi padre un whisky

escocés y una corbata. Y a los abuelos podéis traer

una radio nueva. Necesitan para escuchar el fútbol

y los seriales. Ah, y para mí también una bici. Quiero

roja, grande (tengo 7 años) bonita. Gracias.

para
_____
_____
_____
_____
_____
_____
_____
_____

30 Beachte, wie man auf diese Art von Fragen antworten kann. Und was hast du?

• ¿Tienes coche?
○ No, no tengo.
   Sí, tengo un Seat Toledo.

1. ¿Tienes ordenador? _____
2. ¿Tienes cámara de vídeo? _____
3. ¿Tienes moto? _____
4. ¿Tienes cámara de fotos? _____
5. ¿Tienes piano? _____
6. ¿Tienes coche? _____
7. ¿Tienes guitarra? _____
8. ¿Tienes esquís? _____

31 Antworte so wie im Beispielsatz.

• ¿Tienes ordenador?
○ Sí, sí que tengo.
   No, pero quiero comprarme uno.

1. • ¿Necesitas gafas de sol?
   ○ _____
2. • ¿Tienes bicicleta?
   ○ _____
3. • ¿Te traigo unos patines?
   ○ _____
4. • ¿Tienes cámara de vídeo?
   ○ _____
5. • ¿Necesitas paraguas?
   ○ _____
6. • ¿Tienes moto?
   ○ _____
7. • ¿Necesitas botas de esquiar?
   ○ _____
8. • ¿Tienes teléfono móvil?
   ○ _____

32 Du musst ein Geschenk kaufen. Du schwankst jeweils zwischen den beiden abgebildeten Dingen.

¿Cuál compramos, éste o éste?   ¿Qué compramos, esto o esto?

gente de compras

Sesenta y nueve

AGENDA 13 14 15 16

Lernstrategien

❶ Dies sind einige Wörter, die du in dieser Lektion gelernt hast. Vielleicht sind einige ähnlich wie in deiner Sprache oder in einer anderen Sprache, die du kennst. Manche Wörter klingen ähnlich, haben aber eine andere Bedeutung. Das sind die sogenannten „falschen Freunde".

- ☐ los electrodomésticos
- ☐ los libros
- ☐ las bebidas
- ☐ la comida
- ☐ las cartas
- ☐ las flores
- ☐ los medicamentos
- ☐ los vasos
- ☐ las postales
- ☐ la bodega
- ☐ el papel
- ☐ el disco
- ☐ los pasteles
- ☐ los cosméticos
- ☐ el periódico

Markiere mit = die Wörter, die in deiner Sprache eine ähnliche Bedeutung haben, und mit ≠ die „falschen Freunde". Du kannst auch andere Wörter aus dieser Lektion oder aus früheren mit diesen Zeichen hinzufügen. So behalten die meisten Leute leichter das neu gelernte Vokabular.

❷ Du hast auch einige Verben gelernt: **regalar, necesitar, comprar**...

Wir können feststellen, indem wir in Verbindung mit einem Verb nach verschiedenen Dingen fragen, wie das Verb funktioniert, d.h. ob es ein direktes oder indirektes Objekt haben kann (oder haben muss):

¿Qué? (*wen oder was?*) weist auf ein direktes Objekt (Akkusativ) hin.
¿A quién? (*wem?*) weist auf ein indirektes Objekt (Dativ) hin.

regalar	¿Quién regala? *Wer schenkt?* ¿Qué regala esa persona? *Was schenkt diese Person?* ¿A quién regala la persona esa cosa? *Wem schenkt die Person diese Sache?*	Una persona. *Eine Person. (Subjekt)* Una cosa. *Eine Sache. (Akkusativ)* A otra persona. *Einer anderen Person. (Dativ)*
necesitar	¿Quién necesita? *Wer benötigt?* ¿Qué necesita esa persona? *Was benötigt diese Person?*	Una persona. *Eine Person. (Subjekt)* Una cosa./A otra persona. *Eine Sache./Eine andere Person. (Akkusativ)*

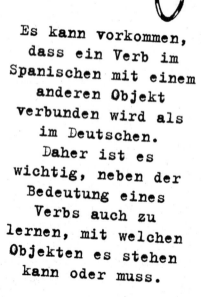

Es kann vorkommen, dass ein Verb im Spanischen mit einem anderen Objekt verbunden wird als im Deutschen. Daher ist es wichtig, neben der Bedeutung eines Verbs auch zu lernen, mit welchen Objekten es stehen kann oder muss.

Kennst du andere Verben, die wie **regalar** funktionieren? Und wie **necesitar**?

Autoevaluación

En general:

	☀️	🌤️	⛅	☁️
Mi participación en clase				
Mis progresos en español				
Mis dificultades				

Y en particular:

	😀	🙂	😐	😕	😟
Gramática					
Vocabulario					
Fonética y pronunciación					
Lectura					
Audición					
Escritura					
Cultura					

Diario personal

La unidad GENTE DE COMPRAS es (muy / bastante) _____ interesante, especialmente la lección 16, donde se habla de _____ y de _____. En mi país las costumbres son (iguales / un poco diferentes / muy diferentes) _____. En alemán, los nombres de las tiendas que vemos en las páginas 40 y 41 son (parecidos / muy diferentes) _____. Es una lección muy interesante porque ahora puedo hablar de regalos y precios. También puedo _____. Para mí, lo más difícil en esta unidad es _____.

13 14 15 16 GRAMMATIKÜBERSICHT

DIE ZAHLEN ÜBER 100

100 cien	400 cuatrocientos/as	700 **setecientos/as**	1.000 **mil**
200 doscientos/as	500 **quinientos/as**	800 ochocientos/as	
300 trescientos/as	600 seiscientos/as	900 **novecientos/as**	

•••○ Die Zahl 100 heißt **cien**. Wenn darauf noch Einer (uno, dos, tres...) oder Zehner (diez, veinte, treinta...) folgen, sagt man **ciento**.

100 **cien**	101 **ciento** uno
	151 **ciento** cincuenta y uno
3.100 tres mil **cien**	3.150 tres mil **ciento** cincuenta
100.000 **cien** mil	110.200 **ciento** diez mil doscientos
100.000.000 **cien** millones	102.000.000 **ciento** dos millones

•••○ Die Hunderter von 200 bis 999 richten sich im Geschlecht nach dem nachfolgenden Substantiv.

	MÄNNLICH	WEIBLICH
200	doscient**os** coches	doscient**as** personas
320	trescient**os** veinte dólares	trescient**as** veinte pesetas

WIE MAN NOTWENDIGKEIT UND VERPFLICHTUNG AUSDRÜCKT

TENER	QUE	INFINITIV
Tengo Tienes Tiene Tenemos Tenéis Tienen	que	comprar un regalo. traer el vino a la cena.

Man kann eine Notwendigkeit auch mit **necesitar** + INFINITIV ausdrücken:

Necesito comprar un ordenador.

DEN PREIS ANGEBEN UND DANACH FRAGEN

¿Cuánto
- SINGULAR
  - cuest**a** esta camisa? (La camisa) cuest**a** 12.000 pesetas.
  - val**e** este jersey? (El jersey) val**e** 7.995 pesetas.
- PLURAL
  - cuest**an** estos pantalones? (Los pantalones) cuest**an** 360 pesetas.
  - val**en** estos zapatos? (Los zapatos) val**en** 4.950 pesetas.

UN/UNO, UNA

•••○ **Un** und **una** stehen als unbestimmter Artikel vor dem Substantiv:

Tengo **un** hermano y **una** hermana.

•••○ **Uno** und **una** können als Pronomen aber auch ein Substantiv ersetzen:

• ¿Tienes **monedas** de cien pesetas?
○ Sí, aquí tengo **una**. Toma.

Beachte: In Verbindung mit einigen persönlichen Dingen, z. B. **coche, ordenador, bicicleta, teléfono, fax, contestador, esquís**, etc., verwendet man keinen unbestimmten Artikel.
• ¿Tienes teléfono? – Hast du Telefon?   ¿Tienes choche? – Hast du ein Auto?
○ Sí, tengo. – Ja, habe ich.   No , no tengo. – Nein ich habe keins.

OBJEKTPRONOMEN DER DRITTEN PERSON IM DATIV UND AKKUSATIV

•••○ Die Pronomen für das indirekte Objekt (Dativ) lauten **le** und **les**. Sie beziehen sich meistens auf Personen.

	MÄNNLICH UND WEIBLICH
SINGULAR	le
PLURAL	les

¿Qué **le** regalamos? – Was schenken wir ihm/ihr?

In Verbindung mit einigen Verben sind sie obligatorisch: **gustar, doler...**
A Carlitos **le duele** la cabeza. – (Dem) Carlitos tut der Kopf weh.

•••○ Die Pronomen für das direkte Objekt (Akkusativ) lauten **lo, la, los, las**. Sie können sich auf Personen oder Sachen beziehen.

	MÄNNLICH	WEIBLICH
SINGULAR	lo	la
PLURAL	los	las

• ¿Conoces **a sus padres**?   • ¿Conoces **estos libros**?
○ No, no **los** conozco.   ○ No, no **los** conozco.

Normalerweise ersetzen diese Pronomen das Substantiv. Nur wenn das Substantiv **vor** dem Verb steht, verwendet man Substantiv **und** Pronomen:

Los discos los compro yo. – Die Platten (die) kaufe ich.

•••○ Die Pronomen stehen normalerweise vor dem konjugierten Verb:

A mis padres **les compramos** un disco.   Este libro no **lo tengo**.

Nur beim Infinitiv stehen sie dahinter und werden direkt angehängt:

Están aquí sus hermanos para **darle** el regalo.

•••○ In Konstruktionen mit **ir a, querer, poder y tener que** + *INFINITIV* können die Pronomen an zwei Stellen stehen:

Sus hijos **quieren darle** el regalo.   Sus hermanos quieren le dar el regalo.
Sus hijos **le quieren dar** el regalo.

17-18-19-20 gente en forma

Hier findest du

folgende Übungen

1. Wortschatz: Alltagsgewohnheiten u. Gesundheit
2. Wortschatz: Alltagsgewohnheiten u. Gesundheit
3. Deine Gewohnheiten
4. HV Zwei Interviews über gesunde Gewohnheiten
5. Wortschatz: Körperteile
6. HV Wortschatz: Körperteile
7. HV Gymnastik
8. Alltagsgewohnheiten
9. Unregelmäßige Verben im Präsens
10. Gewohnheiten beschreiben
11. Ein Brief über das Leben im Urlaub
12. Unregelmäßige Verben im Präsens
13. Verben, um Alltagsgewohnheiten auszudrücken
14. HV ¿Yo, tú, él...?
15. Gepflogenheiten der anderen
16. Wortschatz: Gymnastik und Körperteile
17. Ser bueno para...
18. Ratschläge mit **para** und **si**
19. Ratschläge mit **tener que** und **poder**
20. ¿**Muy** oder **mucho/a/os/as**?
21. Beschreibungen mit **muy, mucho/a/os/as**
22. Fragen nach Alltagsgewohnheiten
23. Ein Spiel, um Vokabeln zu lernen
24. HV Unterschiedliche Aussprache des R-Lautes

AGENDA

GRAMMATIK-ÜBERSICHT

gente en forma

1 Erinnerst du dich an die Aktivitäten von Seite 51 im Lehrbuch? Welche glaubst du passen zu diesen Personen?

- [3] Come demasiado.
- [ ] Come muy poco.
- [ ] Trabaja demasiado.
- [ ] Duerme poco.
- [ ] Hace mucho deporte.
- [ ] Toma demasiado café.
- [ ] Fuma demasiado.
- [ ] No fuma.
- [ ] Bebe demasiado alcohol.
- [ ] Come mucha fruta.
- [ ] No toma azúcar.
- [ ] Está mucho tiempo sentado.
- [ ] Hace yoga.
- [ ] Come muchos dulces.
- [ ] Anda bastante.
- [ ] Va en bici.

2 Schreibe die folgenden Substantive neben das passende Verb.

| pescado | agua | medicamentos | carne | deporte | gimnasia | verduras | chocolate |
| fibra | alcohol | fruta | cerveza | café | té | azúcar | yoga | dulces |

COMER: _____

BEBER: _____

TOMAR: _____

HACER: deporte _____

gente en forma

3 Und welche der Dinge aus Übung 2 machst du? Schreib sie auf. Du kannst **mucho/a/os/as, bastante/s, poco/a/os/as, demasiado/a/os/as**... verwenden.

> No hago mucho deporte.

4 Du hörst zwei Personen, die für eine Radiosendung Fragen beantworten. Was machen die beiden? Kreuze an.

	LA SEÑORA	EL SEÑOR
anda mucho: una hora diaria		✓
fuma y toma café		
juega al tenis		
no toma café		
come mucha fruta		
juega al golf		
come mucha verdura		
toma mucha fibra		

5 Weißt du noch, wie diese Körperteile heißen? Du kannst in den Texten auf Seite 53 im Lehrbuch nachsehen.

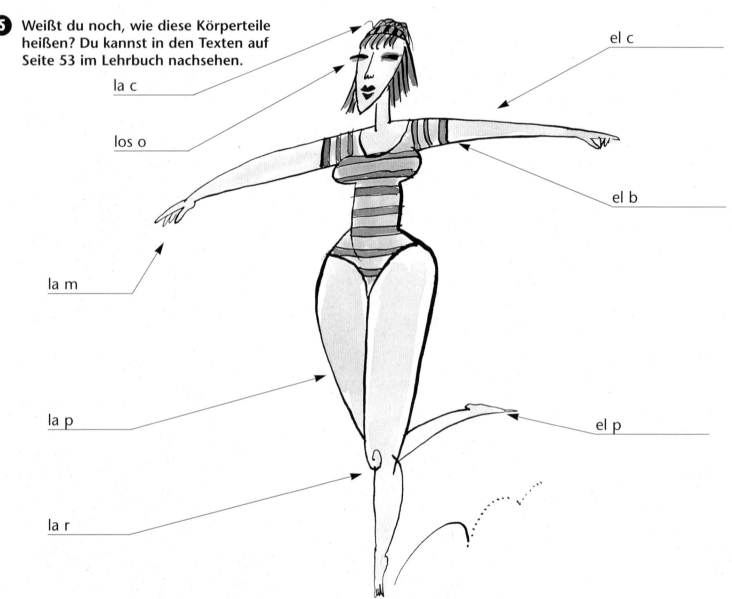

la c_____
los o_____
la m_____
la p_____
la r_____
el c_____
el b_____
el p_____

6 Du hörst nun die Radiosendung „Todos en forma". Markiere auf der Zeichnung der vorigen Übung, welche Körperteile genannt werden.

gente en forma

7 Hör noch einmal die Kassette und gib an, zu welcher Zeichnung die dort vorgestellten Übungen passen.

☐ ☐ ☐

8 Sieh dir diese vier Personen an und ordne ihnen die folgenden Informationen zu.

1. Los jueves **se levanta** a las siete para ir al mercado.
   Da un paseo todos los días y **se acuesta** a las once.
   Tiene dos hijos y seis nietos.

2. Los fines de semana **va** a un club de jazz.
   De vez en cuando **escribe** cartas a su novia, que es alemana.
   No **hace** mucho deporte, pero a veces va al gimnasio.

3. Los martes **juega** al fútbol con sus amigos del colegio.
   Duerme siempre más de ocho horas.
   Por la tarde **estudia** en casa y **ve** la tele.

4. **Quieren** comprar un coche, pero ahora no tienen dinero.
   Comen siempre juntos en casa: él **cocina** muy bien.
   Piensan demasiado en el trabajo.

☐ ☐ ☐ ☐

9 Sieh dir nun die fett gedruckten Verbformen an und notiere den jeweiligen Infinitiv.

Setenta y siete

gente en forma

10 Stell dir fünf Dinge aus dem Alltag dieser Personen vor und schreibe sie auf einen Zettel. Die Zettel werden gemischt und neu verteilt. Jeder muss die auf dem erhaltenen Zettel beschriebene Person erraten.

11 Arturo beschreibt in diesem Brief einen ganz normalen Tag in seinem Urlaub.

Querido amigo:

¿Qué tal? ¿Cómo van las vacaciones?
Te escribo desde Marazuela, un pueblo muy pequeño de Castilla. Ya sabes, el pueblo de mis padres. Estoy aquí de vacaciones con la familia. Es un lugar muy bonito pero no muy animado. Ideal para descansar y luchar contra el estrés: todas las mañanas voy a hacer la compra con mi madre al mercado y después vamos todos a la piscina municipal. Comemos siempre en casa y después duermo unas siestas maravillosas. Y luego, doy un paseo por el pueblo, tomo una cervecita con algún viejo amigo, juego a las cartas con mis hermanos o voy al cine. Como ves, no hago nada especial. Bueno, no todo es tan aburrido: algunos días hacemos excursiones por el campo (los alrededores son preciosos). Y, a veces, nos bañamos en un río que está muy cerca. La verdad es que me aburro un poco. ¿Quieres venir tú unos días a Marazuela a aburrirte conmigo? Aburrirse es muy bueno contra el estrés.

Un montón de besos.

gente en forma

Trage die Verbformen aus dem Brief in die folgende Tabelle ein und ergänze die fehlenden Formen.

	aburrirse	querer	poder	hacer	dar	
yo				pongo	tomo	
tú			puedes			
él, ella, usted		quiere	juega			va
nosotros/as						
vosotros/as	os bañáis					
ellos/as, ustedes				hacen	dan	

12 Kannst du nun eine Regel formulieren, wie das Präsens der spanischen Verben gebildet wird? Nimm die Tabelle der vorigen Übung zu Hilfe.

En español hay tres grupos de verbos: los acabados en **-AR**, en **-ER** y en **-IR**. Muchos son regulares (**hablar, comer,** _____) pero también hay irregulares:

- verbos con vocal **e** que se transforma en _____ en las formas de **yo, tú, él/ella** y _____.
    Por ejemplo: **querer,** _____ ,...

- verbos con vocal **o** o **u** que se transforma en ____ en las formas de ___ , ___ ,_____ y _____.
    Por ejemplo: _____ , _____ ,...

-verbos con la forma **yo** irregular. Por ejemplo: **hacer,** _____ ,...

- verbos totalmente irregulares. Por ejemplo: ....

13 Ergänze die Dialoge mit der richtigen Form der angegebenen Verben. Jedes Verb darf nur einmal vorkommen!

| levantarse | empezar | acostarse | tener | hacer | ir | preferir | ducharse | bañarse | ver |

1. • ¿A qué hora _____ vosotros normalmente?
   ○ Yo a las ocho u ocho y media, pero María a las siete y media porque _____ clase en la Universidad a las nueve.

2. • Mi hermano Carlos _____ a las diez o diez y media de la noche.
   ○ ¿Y por qué tan pronto?
   • Pues porque _____ a trabajar a las seis de la mañana.

3. • Y tú, Marta, ¿qué _____ normalmente en vacaciones?
   ○ Bueno, nada especial, mi marido y yo _____ al apartamento de mis padres en Benidorm.

4. • ¿Qué _____, ducharte o bañarte?
   ○ Bueno, pues normalmente _____, pero a veces, especialmente los fines de semana, _____.

5. • ¿Y tus hijos _____ mucho la televisión?
   ○ ¡Uf! Muchísimo, dos o tres horas cada día.

gente en forma

14 Du hörst nun acht Sätze. Kreuze an, auf welche grammatische Person sich jeder Satz bezieht.

	1	2	3	4	5	6	7	8
yo								
tú								
él, ella, usted								
nosotros/as	✓							
vosotros/as								
ellos, ellas, ustedes								

15 Suche in der Gruppe Personen, die diese Dinge tun, und notiere ihren Namen rechts daneben. Achtung, kein Name darf zweimal vorkommen!

(Viajar) en avión todos los meses: _____
No (comer) nunca carne: _____
(Jugar) al golf de vez en cuando: _____
(Hablar) tres idiomas o más: _____
(Bañarse) todos los fines de semana: _____
(Leer) todas las noches antes de dormir: _____
(Ir) muchas veces al cine cada semana: _____
(Ducharse) siempre antes de acostarse: _____

16 Für welche Körperteile sind folgende Aktivitäten günstig?

montar en bicicleta → las piernas
nadar   los brazos
jugar al ajedrez   la espalda
dar un paseo   la cintura
bailar   el corazón
jugar al golf   la mente
jugar al tenis   la circulación
                     todo el cuerpo

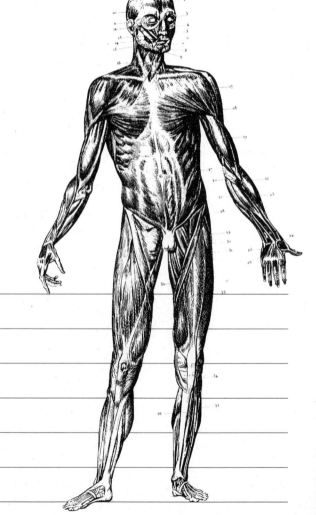

17 Schreib es nun auf.

> Montar en bicicleta es bueno para las piernas.

_____
_____
_____
_____
_____

gente en forma

18 Ergänze diese Vorschläge mit Hilfe der folgenden Ausdrücke entsprechend deiner eigenen Ansicht.

| hay que | es bueno | tienes que | es necesario | es importante |

1. Si quieres aprender español, ...
2. Si quieres comer bien, ...
3. Para tener buenos amigos...
4. Si quieres ganar mucho dinero, ...
5. Para conseguir un buen trabajo...
6. Para ser feliz...
7. Para no tener problemas con la pareja...
8. Para no gastar / ahorrar energía...

19 Gib diesen Leuten einen praktischen Rat. Du kannst dazu **tener que** + Infinitiv oder **poder** + Infinitiv verwenden.

- Últimamente creo que estoy muy gordo.
  ○ _____

- Tengo un estrés horrible, no duermo bien, fumo demasiado...
  ○ _____

- Necesito un ordenador, pero estoy mal de dinero para comprarlo.
  ○ _____

- Mi suegra es viuda y está siempre en mi casa. ¡No tengo vida privada!
  ○ _____

- Quiero aprender español, pero ahora no puedo ir a España.
  ○ _____

20 Ergänze die Sätze mit: **muy, mucho, mucha, muchos** oder **muchas**. Wie glaubst du sehen David und Paula aus? Du kannst sie zeichnen oder passende Fotos von ihnen in einer Zeitschrift suchen.

DAVID:
Trabaja _____ horas al día.
No tiene _____ tiempo libre.
Conoce a _____ gente importante.
Viaja _____ al extranjero.
Bebe _____ cerveza.
Tiene una casa _____ grande.
No duerme _____.

PAULA:
Hace _____ deporte.
Es _____ simpática.
Tiene _____ amigos.
Está _____ delgada.
No come _____.
_____ fines de semana se va al campo.
Lee _____ libros de poesía.

81

Ochenta y uno

17 18 19 20
gente en forma

21 Das ist Gloria an ihrem Schreibtisch. Formuliere fünf Sätze über sie und verwende dabei **muy, mucho, mucha, muchos, muchas**.

22 Sieh dir die Abbildungen der Seiten 58 und 59 im Lehrbuch an. Du sollst herausfinden, ob die Alltagsgewohnheiten der anderen Kursteilnehmer/innen denen der meisten Spanier ähnlich sind oder nicht. Am besten schreibst du zuerst die dazu nötigen Fragen auf.

Hora de levantarse: ¿A qué hora te levantas?

Hora del desayuno: _____   Actividades por la noche: _____

Actividades por la mañana: _____   Horas de sueño: _____

Hora de la comida: _____   Hora de acostarse: _____

Actividades por la tarde: _____   Tiempo libre: _____

Befrage nun eine Person aus dem Kurs und notiere ihre Antworten. Danach erklärst du der Gruppe, ob ihre Gewohnheiten denen der Spanier gleichen oder nicht. Hast du etwas Interessantes herausgefunden?

23 In der Sequenz *GENTE EN FORMA* kommen viele neue Vokabeln vor. Suche fünf Wörter aus, die dir wichtig erscheinen, und notiere auch ihre deutsche Übersetzung.

Sucht nun in Dreiergruppen einige Wörter aus, die euch besonders schwierig erscheinen, und nennt sie den anderen Kursteinehmer/innen. Diese haben jeweils eine halbe Minute Zeit, um einen Satz mit dem genannten Wort zu bilden. Die Gruppe, die die meisten korrekten Sätze gebildet hat, gewinnt.

24 Hör dir diese Wörter an und achte darauf, wie **r** und **rr** ausgesprochen werden. Hörst du, dass die Zunge einmal oder mehrere Male vibriert?

| carne | deporte | raqueta | beber | verdura | cintura | querer |
| aburro | dormir | dinero | regular | horario | Roma | Rodríguez |

Lernstrategien

❶ Auf den Seiten 56 und 57 im Lehrbuch hast du diese Textstücke gelesen. Hier wurden nun einige Wörter daraus weggelassen. Wenn du sie so liest, wie sie jetzt sind, stellst du fest, dass du die fehlenden Wörter problemlos verstehen kannst, nicht wahr?

EL EQUILIBRIO ANÍMICO

(...) unos hábitos regulares xxxxxxxxx también una buena ayuda: acostarse y levantarse cada día a la xxxxxxxxx hora, y tener horarios xxxxxxxxx diarios para el xxxxxxxxx , la comida y la cena.

LA ALIMENTACIÓN

(...) Para una dieta sana, es aconsejable xxxxxxxxx pescado dos veces por semana, como mínimo. La xxxxxxxxx de preparar los alimentos también ayuda a xxxxxxxxx la cantidad de grasas: es mejor comer pescado xxxxxxxxx que frito o con salsa. (...)

EL EJERCICIO FÍSICO

(...) No es necesario hacer ejercicios físicos fuertes o xxxxxxxxx . El golf, por ejemplo, es un deporte ideal para xxxxxxxxx edad. Un xxxxxxxxx paseo diario de una hora es tan bueno como media hora de bicicleta. (...)

Was ist geschehen? Du hast genau das gemacht, was du auch tust, wenn du einen Text in deiner Muttersprache liest: Du liest nicht alle einzelnen Buchstaben und Wörter, sondern gehst, je mehr du vom Text verstehst, in Sprüngen voran.

Was passiert, wenn wir in einer Fremdsprache lesen, die wir gerade erst lernen? Wir fühlen uns unsicher und möchten jedes einzelne Wort lesen und verstehen. Aber du hast ja selbst gemerkt, dass du die Information verstehen kannst, auch ohne alle Wörter zu kennen.

Ochenta y tres

Lernstrategien

2 Aber wir wollen ja auch neue Wörter lernen. Wenn wir eine Sprache lesen, die wir nicht beherrschen, können wir den Sinn der Wörter aus dem Zusammenhang ableiten, genau wie in unserer Muttersprache. Versuche es einmal mit den Wörtern, die hier fett gedruckt sind.

EL EQUILIBRIO ANÍMICO

(...) unos hábitos regulares **suponen** también una buena ayuda: acostarse y levantarse cada día a la **misma** hora, y tener horarios **regulares** diarios para el **desayuno**, la comida y la cena.

LA ALIMENTACIÓN

(...) Para una dieta sana, es aconsejable **tomar** pescado dos veces por semana, como mínimo. La **forma** de preparar los alimentos también ayuda a **reducir** la cantidad de grasas: es mejor comer pescado **a la plancha** que frito o con salsa. (...)

EL EJERCICIO FÍSICO

(...) No es necesario hacer ejercicios físicos fuertes o **violentos.** El golf, por ejemplo, es un deporte ideal para **cualquier** edad. Un **tranquilo** paseo diario de una hora es tan bueno como media hora de bicicleta. (...)

cualquier:_____

a la plancha:_____

frito:_____

supone:_____

_____:_____

_____:_____

Nun kannst du deine/n Kursleiter/in nach der Bedeutung der Wörter fragen oder im Wörterbuch nachschlagen. Waren deine Vermutungen richtig?

Wenn wir lesen, können wir die Bedeutung vieler Wörter und Ausdrücke aus dem Zusammenhang erschließen, in dem sie stehen: das Thema und die Wörter, die vorher oder danach stehen, helfen uns dabei. Außerdem kann uns manchmal die Ähnlichkeit mit Wörtern aus anderen Sprachen behilflich sein.

17 18 19 20 AGENDA

Autoevaluación

En general:

	☀️	⛅	🌥️	☁️
Mi participación en clase				
Mi trabajo en casa				
Mis progresos en español				
Mis dificultades				

Y en particular:

	😀	🙂	😐	😕	😟
Gramática					
Vocabulario					
Fonética y pronunciación					
Lectura					
Audición					
Escritura					
Cultura					

Diario personal

En las lecciones de GENTE EN FORMA lo que me parece más interesante es _____; sin embargo, _____ no me parece tan interesante. Ahora creo que sé mucho mejor _____ aunque todavía tengo algunos problemas con _____. Con estas lecciones también he aprendido _____ y _____. En cuanto al tipo de ejercicios, en general prefiero _____ porque _____; los ejercicios del tipo _____ no me parecen muy útiles. La lección 20 habla de la vida diaria de los españoles; si la comparo con la mía veo que ellos _____, mientras que nosotros _____.

17 18 19 20
GRAMMATIKÜBERSICHT

DAS INDIKATIV PRÄSENS

REGELMÄSSIGE VERBEN

	BAILAR	BEBER	ESCRIBIR
(yo)	bailo	bebo	escribo
(tú)	bailas	bebes	escribes
(él, ella, usted)	baila	bebe	escribe
(nosotros/as)	bailamos	bebemos	escribimos
(vosotros/as)	bailáis	bebéis	escribís
(ellos, ellas, ustedes)	bailan	beben	escriben

UNREGELMÄSSIGE VERBEN

•••o Der Wechsel **E>IE** kommt in Verben wie **querer, despertarse** … vor.

	DESPERTARSE
(yo)	me despierto
(tú)	te despiertas
(él, ella, usted)	se despierta
(nosotros/as)	nos despertamos
(vosotros/as)	os despertáis
(ellos, ellas, ustedes)	se despiertan

•••o Der Wechsel **E>I** kommt in Verben wie **decir, servir, seguir, pedir**… vor.

	DECIR	SERVIR
(yo)	digo	sirvo
(tú)	dices	sirves
(él, ella, usted)	dice	sirve
(nosotros/as)	decimos	servimos
(vosotros/as)	decís	servís
(ellos, ellas, ustedes)	dicen	sirven

•••o Der Wechsel **O>UE**: **poder, acostarse, volver**… und **U>UE**: **jugar**.

	PODER	ACOSTARSE	JUGAR
(yo)	puedo	me acuesto	juego
(tú)	puedes	te acuestas	juegas
(él, ella, usted)	puede	se acuesta	juega
(nosotros/as)	podemos	nos acostamos	jugamos
(vosotros/as)	podéis	os acostáis	jugáis
(ellos, ellas, ustedes)	pueden	se acuestan	juegan

•••o Einige Verben haben eine unregelmäßige erste Person Singular:
hacer, poner, decir, venir, tener…

(yo) hago   pongo   digo   vengo   tengo

Beachte auch, dass es Verben gibt, die im Präsens mehrere Unregelmäßigkeiten aufweisen: ven**g**o, v**ie**nes.

GRAMMATIKÜBERSICHT 17 18 19 20

• Folgende Verben sind unregelmäßig: **ir, dar, estar** und **saber**.

	IR	DAR	ESTAR	SABER
(yo)	**voy**	**doy**	**estoy**	**sé**
(tú)	vas	das	estás	sabes
(él, ella, usted)	va	da	está	sabe
(nosotros/as)	vamos	damos	estamos	sabemos
(vosotros/as)	vais	dais	estáis	sabéis
(ellos, ellas, ustedes)	van	dan	están	saben

REFLEXIVE VERBEN

	DUCHARSE		ABURRIRSE	
(yo)	**me**	ducho	**me**	aburro
(tú)	**te**	duchas	**te**	aburres
(él, ella, usted)	**se**	ducha	**se**	aburre
(nosotros/as)	**nos**	duchamos	**nos**	aburrimos
(vosotros/as)	**os**	ducháis	**os**	aburrís
(ellos, ellas, ustedes)	**se**	duchan	**se**	aburren

• Die Pronomen stehen normalerweise vor dem Verb, sie können bei Konstruktionen mit Infinitiv oder Gerundium aber auch dahinter stehen:

INFINITIV

tengo que acostar**me**   **me** tengo que acostar
tienes que acostar**te**   **te** tienes que acostar
tiene que acostar**se**   **se** tiene que acostar
tenemos que acostar**nos**   **nos** tenemos que acostar
tenéis que acostar**os**   **os** tenéis que acostar
tienen que acostar**se**   **se** tienen que acostar

GERUNDIUM

estoy duchándo**me**   **me** estoy duchando.

Tenéis que acostaros.

DIE HÄUFIGKEIT

(todos) los { lunes / martes / miércoles / jueves / viernes / sábados / domingos / fines de semana }   todos/as los/las { años / meses / semanas / mañanas / tardes / noches }   { muchas / a / algunas / no muchas / pocas } veces

siempre   casi siempre   de vez en cuando

Diese Ausdrücke können an unterschiedlichen Stellen im Satz stehen:

Vamos **siempre** a esquiar a Francia.
Vamos a esquiar **siempre** a Francia.
Siempre vamos a esquiar a Francia.

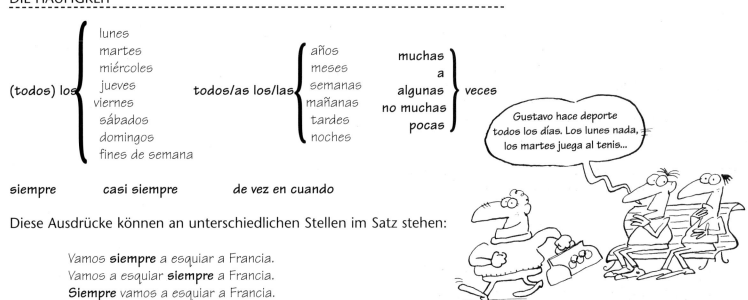

Gustavo hace deporte todos los días. Los lunes nada, los martes juega al tenis...

GRAMMATIKÜBERSICHT

TODOS UND CADA

• **Cada** steht nur vor Substantiven im Singular, egal ob sie männlich oder weiblich sind.

    cada día   **cada** semana   **cada** mes

• **Todos/as** steht – gefolgt vom bestimmten Artikel – immer vor Substantiven im Plural.

    todos los días   **todas las** semanas   **todos los** meses

(Es gibt die Singularform **todo el día, toda la semana**, etc., aber das bedeutet nicht „jeden Tag", „jede Woche", sondern „den ganzen Tag", „die ganze Woche".)

• Häufig haben **cada** und **todos los/todas las** dieselbe Bedeutung, manchmal aber auch nicht. Man verwendet **cada**, wenn man besonders den Einzelfall hervorheben will, und **todos**, wenn eher das Allgemeine von Interesse ist.

    ● ¿Vais **todos los** veranos al mismo sitio?
    ○ No, **cada** verano vamos a un lugar diferente.

NUNCA

nunca + VERB   **Nunca** tomo café.
no + VERB + nunca   **No** tomo **nunca** café.

Ebenso wie wie **nunca** funktionieren folgende Wörter:

    nadie   nada   ningún   ninguno   ninguna   tampoco

MUY, MUCHO, DEMASIADO...

• Diese Wörter sind unveränderlich, wenn sie sich auf Verben und Adjektive beziehen:

BEZOGEN AUF VERBEN	BEZOGEN AUF ADJEKTIVE
Ana trabaja **demasiado**.	Ana está **demasiado** cansada.
Estos niños duermen **mucho**.	Estoy **muy** cansado.
Coméis muy **poco**.	Yo soy **poco** ágil.
Emilio no estudia **nada**.	**No** es **nada** fuerte.

Beachte: **Un poco** verwendet man nur mit einer negativen Bedeutung:

    Es **un poco** lento.   Es un ~~poco~~ sano.

•••○ Wenn sie sich jedoch auf ein Substantiv beziehen, richten sie sich in Geschlecht und Zahl nach diesem:

> Ana trabaja **demasiados** días / **demasiadas** horas.
> Estos niños duermen **mucho** tiempo / **muchas** horas.
> Coméis **poco** pescado / **pocas** naranjas.
> Emilio **no** estudia **ningún** día en casa / **ninguna** tarde en casa.

GESCHLECHT UND ZAHL DER SUBSTANTIVE

•••○ Um den Plural zu bilden, hängt man an Substantive, die auf Vokal enden, ein **-s**, die auf Konsonant enden, ein **-es** an:

> día ⟶ día**s**   enfermedad ⟶ enfermedad**es**
> verdura ⟶ verdura**s**   excursión ⟶ excursion**es**

Beachte die orthographischen Änderungen:

> ac**ción** ⟶ ac**cio**nes.
> ve**z** ⟶ ve**ces**

•••○ Substantive, die auf **-a** enden, sind meistens weiblich, die auf **-o** enden meistens männlich, es gibt aber auch Ausnahmen:

> la mano   la foto   la moto   el día

Substantive mit den Endungen **-ción/-sión, -dad, -eza, -ura** sind in der Regel weiblich:

> la decisión   la invasión   la ciudad   la naturaleza   la cultura

Die meisten Substantive, die auf **-ma** enden, sind männlich:

> el tema   el problema   el trauma   el síntoma   el drama

RATSCHLÄGE UND EMPFEHLUNGEN

•••○ Um einer konkreten Person gegenüber Ratschläge und Empfehlungen auszusprechen, verwendet man **tener que** + *INFINITIV*:

> ● Estoy muy cansado.
> ○ Sí, creo que **tienes que** dormir más y trabajar menos.

•••○ Um unpersönliche, allgemeine Empfehlungen auszusprechen, verwendet man **hay que** + *INFINITIV* oder **es necesario / bueno / importante** + *INFINITIV*:

> Para estar en forma **hay que** hacer ejercicio.
> Para adelgazar **es importante** tener una dieta equilibrada.
> Para tener una alimentación sana **es necesario** comer mucha fruta.

Me aburro mucho en esta ciudad.

Tienes que salir más, ir al cine, a cenar fuera...

21 22 23 24

Hier findest du

folgende Übungen

1 Wortschatz: Berufe

2 Den eigenen Arbeitsplatz beschreiben

3 Vorlieben im Bezug auf Berufe

4 **HV** Beschreibung des Arbeitsalltags

5 Positive und negative Aspekte einer Arbeit

6 Stellenanzeigen und Lebenslauf

7 Lebenslauf und passende Tätigkeiten

8 Fragen in einem Vorstellungsgespräch

9 Partizipien

10 Was hast du heute gemacht? Das Perfekt

11 Was haben berühmte Leute gemacht? Perfekt

12 Ergebnisse vergleichen: Perfekt

13 **HV** Präsens / Perfekt

14 Was haben die Personen heute gemacht? (**vosotros/ustedes**)

15 Über Fähigkeiten sprechen

16 Deine Fähigkeiten im Bezug auf Fremdsprachen

17 Eigenschaften und Charakter (**hacer, saber, ser...**)

18-19 **Saber** + Infinitiv (**yo** und **tú**)

20 Tätigkeiten berühmter Leute: Perfekt

21 **HV** Auskunft über die eigenen Fähigkeiten geben

22 **HV** Erfahrung im Beruf: drei Vorstellungsgespräche

23 **HV** Die betonte Silbe

24 Vermutungen über jemanden anstellen

25 Ideen sammeln und ordnen

AGENDA

GRAMMATIK-ÜBERSICHT

gente que trabaja

1 In welchen Berufen sind folgende Eigenschaften von Bedeutung?
Du kannst ein Wörterbuch zu Hilfe nehmen.

ser amable	saber escuchar	tener paciencia	ser una persona comunicativa	ser tranquilo	ser una persona organizada
vendedor					

2 Bist du berufstätig? Beschreibe deinen Arbeitsplatz. Vielleicht musst du ein Wörterbuch zu Hilfe nehmen.

Soy _____ (y / pero) trabajo
en _____, que está en _____.
Es (una profesión / un trabajo) muy _____ porque
_____. Tiene cosas buenas: _____
_____ y _____. Pero
también aspectos negativos: _____
_____.
Mis compañeros de trabajo son _____.
Mi jefe es _____.
El ambiente, en general, es _____
_____ porque _____.

gente que trabaja

3 Notiere die Berufe, die dir am besten und die dir am wenigsten gefallen.
Schreibe anschließend die Gründe daneben.

Las que más me gustan

PROFESIÓN   RAZONES

Las que menos me gustan

PROFESIÓN   RAZONES

4 Hör dir fünf Interviews mit Frauen an, die über ihr Leben und ihre Arbeit sprechen.
Sieh dir die Zeichnungen an und notiere die Reihenfolge, in der sie sprechen.

Ana · Beatriz · Lucía · Juana · Pepa

gente que trabaja

5 Denke an drei Personen aus deinem Bekanntenkreis (Freunde, Verwandte...), die ihre Arbeit gut machen. Versuche ihr Arbeitsleben mit den positiven und negativen Aspekten zu beschreiben, so wie im angegebenen Beispiel.

> Mi amigo Peter es músico. Toca la batería. Es un buen batería, pero ser músico no es fácil: es una profesión muy creativa pero a veces no hay trabajo y ganan poco dinero. Hay que luchar mucho.

6 Kannst du dich um eine dieser Stellen bewerben? Lies die Anzeigen und gib an, welche Voraussetzungen du erfüllst. Mache dann einen Entwurf für deinen Lebenslauf. Du kannst ähnliche Sätze wie in diesem Beispiel verwenden.

> Tengo experiencia comercial. He trabajado dos años en BMW. Tengo conocimientos de inglés. He estudiado un año en el British Council de Múnich.

NUEVA INSTALACIÓN HOTELERA
Precisa para Valencia
DIRECTOR DE HOTEL

Se requiere:
- Edad de 35 a 45 años.
- Experiencia mínima de 5 años en gestión.
- Experiencia en dirección de equipos.
- Conocimientos de inglés y francés.

Se valorará:
- Experiencia comercial.
- Experiencia de puesta en marcha de proyectos empresariales.
- Capacidad de comunicación y relaciones humanas.

Se ofrece:
- Contrato fijo.
- Remuneración a convenir.
- Incorporación en el mes de septiembre.

Interesados enviar Curriculum Vitae y fotografía reciente a Eme O Comunicación, c/ Moratín, 11, 46002 Valencia. Ref. 333. Se garantiza confidencialidad absoluta.

ENTIDAD FINANCIERA DE PRIMER ORDEN
precisa
PROMOTORES COMERCIALES
PARA TODA ESPAÑA
PARA CAMPAÑA COMERCIAL A PARTIR DE SEPTIEMBRE

Se requiere:
- Edad hasta 28 años.
- Facilidad de trato y capacidad de relación.
- Buena presencia/dinamismo.
- Dotes comerciales.
- Preferentemente universitarios.
- Experiencia comercial (preferible en sector financiero).

Se ofrece:
- Contrato con alta en Seguridad Social.
- Formación a cargo de la empresa.
- Retribución fija + incentivos.

Interesados, llamar al teléfono (91) 383 33 80 y enviar currículum por fax (91) 383 24 00 / 91 50 o por correo, calle de Arturo Soria, 343, 4ª planta, 28033 Madrid.

gente que trabaja

7 Elvira, Gerardo und Gracia sind drei junge Leute, die keine Arbeit haben. Welche Stellen aus der vorherigen Übung würdest du ihnen empfehlen?

GERARDO PALENCIA VERA

Tiene 26 años.
Ha sido vendedor de coches y representante de una fábrica de plásticos.
Ha hecho el servicio militar.
Tiene carnet de conducir.
Es veterinario.

ELVIRA RUIZ DAZA

Tiene 28 años.
Es Licenciada en Ciencias Políticas.
Le encanta viajar.
Es muy comunicativa.
Habla inglés, alemán y francés.
Ha trabajado en una agencia de viajes.
No tiene carnet de conducir.

GRACIA VERA GABILONDO

Tiene 36 años.
Es licenciada en Económicas.
Ha vivido dos años en Irlanda y habla muy bien inglés.
Sabe conducir.
Ha trabajado seis años como directiva en una empresa de productos químicos.
Le interesa mucho el trabajo en equipo.

Elvira puede solicitar el puesto de _____ porque _____.

Gerardo puede solicitar el puesto de _____ porque _____.

Gracia puede solicitar el puesto de _____ porque _____.

8 Du musst ein Vorstellungsgespräch vorbereiten, um eine Person auszusuchen, die mit dir zusammenarbeiten soll. Wähle unter den folgenden Fragen 5 aus, die dir am wichtigsten erscheinen. Du kannst auch andere Fragen hinzufügen.

¿Le gusta el trabajo en equipo?
¿Tiene usted experiencia en ventas?
¿Es usted puntual?
¿Tiene sentido del humor?
¿Habla idiomas?
¿Es usted una persona comunicativa?
¿Sabe usted decir mentiras?
¿Sabe hablar en público?
¿Es usted ordenado?
¿Sabe manejar un ordenador?
¿Tiene carnet de conducir?
¿Le gusta viajar?
¿Tiene paciencia?

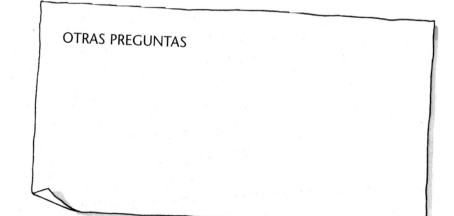

OTRAS PREGUNTAS

94
Noventa y cuatro

gente que trabaja

9 Hier sind die Infinitive einiger Verben, die du bereits gelernt hast. Erinnerst du dich, wie die Partizipien gebildet werden?

	PARTIZIP		PARTIZIP		PARTIZIP
jugar →	jugado	buscar →		escribir →	
beber →		pagar →		escuchar →	
ir →		visitar →		desayunar →	
dormir →		alquilar →		leer →	
tener →		pronunciar →		estar →	

10 Sicher hast du heute vor dem Unterricht einige der folgenden Dinge getan. Markiere sie und ergänze die Sätze.

He ido de compras. He comprado _____.
He visto a un/a amigo/a en _____.
He hablado por teléfono _____ veces con _____.
He navegado por Internet _____ minutos.
He escrito una carta a _____.
He perdido un/a _____.
He comido _____.
Me he enfadado con _____.
Me he puesto nervioso/a _____.
He trabajado _____ veces.
He leído una noticia interesante en el periódico: _____ horas.
He conducido _____.
He venido a la escuela en _____ kilómetros.
He encontrado en la calle a _____.
He visto en la tele _____.
He escuchado música: _____.
He visitado a _____.
He nadado en la piscina _____.
He ido al médico _____ minutos.
He hablado español con _____.
He pagado una factura de _____.
He ido a la peluquería y me he _____.
Me he comprado ropa: un/a _____ el pelo.
He ido al gimnasio y he _____.

gente que trabaja

11 Kannst du in dieser Liste die Namen der berühmten Personen ergänzen? Wie viele findest du? Merke dir, wie lange du für die Übung brauchst und notiere die Zeit.

> He completado _____ personajes.

DATOS	NOMBRE
Ha ganado un Óscar.	
Ha ganado Wimbledon.	
Ha sido presidente de EE.UU.	
Ha luchado contra el racismo.	
Ha trabajado con Humphrey Bogart.	
Ha escrito novelas en español.	
Ha estado en la cárcel.	
Ha vivido en Cuba.	
Ha tocado muchas veces con John Lennon.	
Ha hecho una película con Marilyn Monroe.	
Ha trabajado con Spielberg.	
Ha jugado en el Barça, el equipo de fútbol de Barcelona.	
Ha escrito una novela en francés.	
Ha participado en unas olimpiadas.	

12 Nun könnt ihr eure Ergebnisse der vorigen Übung vergleichen: wie viele Namen ihr gefunden habt und wie lange ihr gebraucht habt.

> • Yo he escrito siete nombres y he tardado cinco minutos.
> ○ Yo diez minutos, pero los he escrito todos.

13 Du hörst noch einmal den Dialog zwischen Maribel und ihren Freunden (Lehrbuch Lektion 21). Die Verben dieser Liste kommen darin vor, mal im Präsens, mal im Perfekt. Kreuze jedes Mal, wenn du eins hörst, die entsprechende Spalte an.

	PRESENTE	PRETÉRITO PERFECTO		PRESENTE	PRETÉRITO PERFECTO
vivir			hacer		
estar			entrar		
vivir			querer		
vivir			estar		
hacer			estar		
trabajar			estar		
ser			saber		
ser			saber		
trabajar			ejercer		

96

Noventa y seis

gente que trabaja

14 Erstelle eine Liste mit den Dingen, die für einen Touristen deiner Stadt oder deiner Region am interessantesten sind.

Stell dir nun vor, du hast Besuch von Freunden aus Spanien. Heute haben sie deine Stadt und die Umgebung besichtigt. Als sie nach Hause kommen, möchtest du wissen, was sie gemacht haben. Welche Fragen stellst du ihnen?

> ¿Habéis entrado en el Palacio Real?
> ¿Os ha gustado?

Du kannst diese Verben verwenden:

> visitar...
> estar en...
> ir a...
> subir a...
> entrar en...

Stell dir nun vor, dass deine Freunde keine Spanier, sondern Chilenen sind. In dem Fall musst du die Fragen mit der Form **ustedes** bilden.

> ¿Qué han hecho hoy?
> ¿Han visitado el museo de...?
> ¿Les ha gustado?

15 Nachdem du Übung 4 von Lektion 22 im Lehrbuch gemacht hast, weißt du schon viel über die anderen Kursteilnehmer/innen. Erstelle eine Liste mit den Fähigkeiten, an die du dich erinnerst.

> Hanna hace teatro.

Im Unterricht könnt ihr die Informationen überprüfen, an die ihr euch nicht so genau erinnert. Stelle die dazu nötigen Fragen, aber schreibe sie zur Vorbereitung zuerst auf.

> Alguien sabe japonés, ¿no?
> ¿Quién toca el violín?

gente que trabaja

16 Welche Sprachen sprichst du abgesehen von Deutsch und Spanisch? Wie gut sprichst du sie?

> EL ESPAÑOL
> Lo hablo y lo leo un poco.
> Lo entiendo bastante.
> Lo escribo sólo un poco.

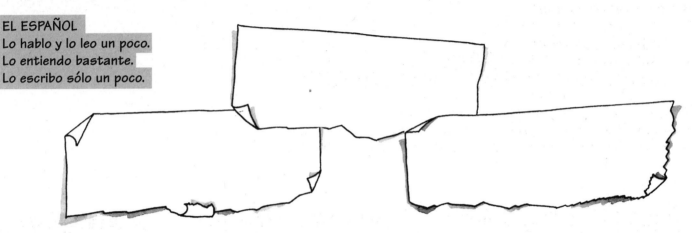

17 Welche Begriffe verwenden wir in Verbindung mit diesen Verben?
In einigen Fällen sind mehrere möglich.

ESTAR DISPUESTO A	SABER	TENER	TOCAR	HACER	ESCRIBIR	SER
_____	_____	_____	_____	_____	_____	_____
_____	_____	_____	_____	_____	_____	_____
_____	_____	_____	_____	_____	_____	_____

escuchar   idiomas   experiencia   buena presencia   un instrumento   paciencia

poesía   buen carácter   dinámico/a   deporte   trabajar en equipo   el piano   sociable

tímido/a   informática   teatro   voluntad de progresar   viajar   novelas   gimnasia

18 Kannst du diese Dinge? Wie gut? Kreuze zunächst an und schreibe anschließend 5 Sätze.

> No sé dibujar.
> Dibujo bastante bien.

	muy bien	bien	regular	no sé
cocinar				
bailar				
tocar el piano				
jugar al tenis				
nadar				
esquiar				
hacer tartas				
cantar				
escuchar a los demás				
hablar en público				
mentir				
disimular				
dibujar				
escribir				
contar chistes				

_____

_____

_____

_____

gente que trabaja

19 Frag nun eine/n andere/n Kursteilnehmer/in, was er/sie kann, und vergleiche es mit dem, was du kannst.

- ¿Tú sabes dibujar?
- No, no dibujo nada bien. ¿Y tú?
- A mí me gusta mucho dibujar. Dibujo bastante bien, creo.

20 Hier sind einige Namen von berühmten Personen. Bilde fünf Sätze, um zu sagen, was manche von ihnen können oder gemacht haben. Du kannst auch andere Namen hinzufügen.

Mick Jagger   JACQUES CHIRAC   Joaquín Cortés

Dustin Hoffman   JUAN CARLOS I

Diego A. Maradona   Julio Iglesias

CAROLINA DE MÓNACO   Michael Jackson

Ana Belén   BENAZIR BHUTTO

BILL CLINTON   Severiano Ballesteros

Madonna   Meryl Streep

BORIS BECKER   GIORGIO ARMANI

Otros famosos

21 Von der Kassette hörst du einige Fragen. Versuche sie zu beantworten.

- ¿Hablas italiano?
- Sí, un poco.

gente que trabaja

22 Du hörst jetzt drei Interviews mit Spanier/innen, die Arbeit suchen: Pepe, Amalia und Clara. Kreuze die für jede Person zutreffenden Angaben in der entsprechenden Spalte an.

	PEPE	AMALIA	CLARA
Ha estudiado en la Universidad.			
Ha trabajado tres años en una empresa danesa.			
Ha hecho el servicio militar.			
Ha trabajado de camarero/a.			
Ha estudiado Ciencias Exactas.			
Ha trabajado en el extranjero.			
Ha dado clases en una universidad privada.			
Habla tres idiomas extranjeros.			
Ha trabajado y estudiado al mismo tiempo.			
Ha hecho la tesis doctoral.			
Habla inglés.			
Ha vivido en Francia y en Alemania.			

23 Hör dir diese Wörter an. Wo sind sie betont? Kreise die betonte Silbe ein.

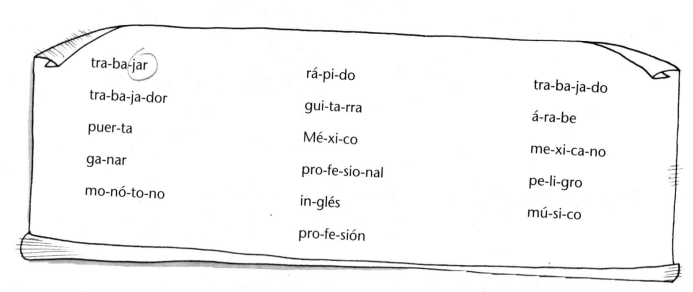

Man kann bei der Betonung drei Gruppen von Wörtern unterscheiden: solche die auf der letzten, auf der vorletzten oder auf der drittletzten Silbe betont sind. Kannst du die Wörter von oben diesen drei Gruppen zuordnen?

■ ☐ ☐   ☐ ■ ☐   ☐ ☐ ■
Mé – xi – co   gui – ta – rra   tra – ba – jar
Mo – nó – to – no   puer – ta   in – glés

_____   _____   _____

_____   _____   _____

_____   _____   _____

gente que trabaja

24 Sieh dir diese Anzeige an. Sicher kannst du etwas über die Besitzerin der Tasche sagen, über ihre Arbeit, ihr Familienleben, ihre Vorlieben und Fähigkeiten etc. Formuliere so viele Sätze, wie du kannst.

25 Wenn du die Seiten 68 und 69 im Lehrbuch liest, findest du diese häufig vorkommenden Begriffe. Ordne sie nach deinen eigenen Kriterien und bilde Sätze, um deine Meinung auszudrücken, so wie in diesem Beispiel.

Actualmente hay muchos parados, pero los extranjeros y los emigrantes también tienen derecho a tener un puesto de trabajo.

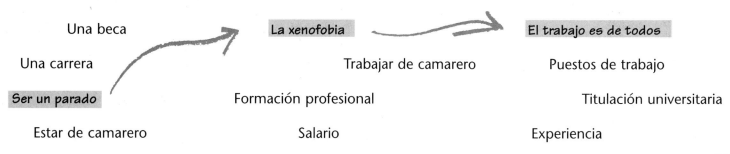

Lernstrategien

Kannst du dir denken, ohne diese drei Anzeigen zu lesen,

- in welcher von Arbeit, vom Reisen und vom Einkaufen die Rede ist?
- in welcher du wahrscheinlich folgende Wörter findest?

empresa
verano
Caribe
resistente
Recursos Humanos
isla
medidas

Robert Bosch España, S.A.
Precisa cubrir dos puestos:

**VENDEDORES
para el sector de
REPUESTOS DEL AUTOMOVIL**

La zona de trabajo estará ubicada dentro de un radio de acción de 300 Km. alrededor de Madrid

Se requiere:
- Formación a nivel de Ingeniero Técnico o similar
- Experiencia mínima de 5 años en venta repuestos del automóvil
- Carnet de conducir
- Disponibilidad para viajar

Se ofrece:
- Formar parte de la plantilla
- Salario fijo más parte variable en función de consecución de objetivos
- Coche por cuenta de la empresa
- Formación continuada

Las personas interesadas pueden dirigirse, indicando en el sobre la referencia **VENDEDORES**, a:
Robert Bosch España
Financiación y Servicios, S.A.
Selección y Desarrollo de Recursos Humanos
Apartado de Correos 35106
28080 MADRID

 BOSCH

El maletín más completo para llevar su PC portátil, el móvil, papeles, cables, discos...

Ligero, muy resistente y con multitud de compartimentos específicamente diseñados para cada cosa

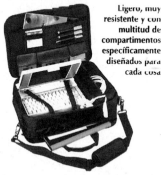

Este **Maletín Porta-PC** es la mejor solución para llevar su "despacho móvil" a todas partes con la máxima seguridad para su PC, con todo lo que necesite en perfecto orden y con el teléfono móvil, la agenda, los bolígrafos, etc. siempre a mano.

No encontrará otro con estas características:
- Estructura muy resistente de vinilo reforzado con nylon.
- Paneles acolchados de protección.
- Compartimentos especiales para diskettes, cables, baterías, etc.
- Bolsillo exterior para el teléfono móvil.
- Tres compartimentos exteriores para documentos y carpetas.
- Bolsillos y bandas interiores para tarjetas, bolígrafos, etc.
- Bandas de ajuste con velcro para sujetar cualquier PC portátil.
- Bandolera reposicionable de medida ajustable.

Por su funcionalidad, su sorprendente capacidad, su ligereza y su elegante diseño, el **MaletínPorta PC** es una alternativa ventajosa al maletín rígido convencional, más segura para su ordenador, más cómoda de transportar y mucho más práctica a la hora de trabajar fuera de la oficina. Medidas 42 x 28 x 16,5 cm.

Einen Text zu verstehen bedeutet nicht, jedes einzelne Wort zu kennen. Es bedeutet, die Informationen, die er enthält und die uns interessieren, entnehmen zu können. Dabei helfen uns Vokabel- und Grammatikkenntnisse, aber vor allem hilft uns unsere Lebenserfahrung und unser Wissen, in welcher Form bestimmte Texte üblicherweise präsentiert werden.

21 22 23 24 AGENDA

Autoevaluación

En general:

	☀️	🌤️	⛅	☁️
Mi participación en clase				
Mi trabajo en casa				
Mis progresos en español				
Mis dificultades				

Y en particular:

	😀	🙂	😐	😕	😟
Gramática					
Vocabulario					
Fonética y pronunciación					
Lectura					
Audición					
Escritura					
Cultura					

Diario personal

En las lecciones 21, 22, 23, 24 he aprendido (muchas / bastantes / pocas) cosas nuevas. Ha sido interesante la actividad _____, pero no me ha gustado _____. He tenido problemas con _____. Creo que ahora puedo hablar del mundo del trabajo (muy bien / bien / regular / con muchos problemas), puedo describir mi profesión o la de otros (muy bien / bien / regular / con muchos problemas). También puedo _____ y _____. Hay cosas difíciles, como por ejemplo, _____ porque en mi lengua es (muy / bastante) diferente. No entiendo bien _____. Tengo que preguntárselo al profesor o pensar sobre el tema.

DAS PERFEKT

	PRÄSENS VON **HABER**	PARTIZIP
(yo)	he	
(tú)	has	
(él, ella, usted)	ha	est**ado**
(nosotros/as)	hemos	viv**ido**
(vosotros/as)	habéis	
(ellos, ellas, ustedes)	han	

Im Spanischen gibt es verschiedene Zeiten, um über die Vergangenheit zu sprechen. Eine davon ist das Perfekt. Man verwendet es:

- wenn der Sprecher die Ereignisse in einem engen Bezug zur Gegenwart sieht. Daher steht es häufig in Verbindung mit Ausdrücken wie: **hoy, esta mañana, esta semana, estos días, estas vacaciones**, etc.

- wenn eine Handlung als solche im Vordergund steht und nicht der Zeitpunkt, an dem sie geschehen ist. Daher steht es häufig mit Ausdrücken wie: **alguna vez, varias veces, nunca**, etc.

DAS PARTIZIP

VERBEN AUF -AR	-ado	VERBEN AUF -ER/-IR	-ido
HABLAR	habl**ado**	TENER	ten**ido**
TRABAJAR	trabaj**ado**	SER	s**ido**
ESTUDIAR	estudi**ado**	VIVIR	viv**ido**
ESTAR	est**ado**	IR	**ido**

- Einige unregelmäßige Partizipien, die häufig gebraucht werden:

  VER → **visto**   HACER → **hecho**   PONER → **puesto**
  ESCRIBIR → **escrito**   DECIR → **dicho**   VOLVER → **vuelto**

- Man verwendet das Partizip in Verbindung mit **haber**, um das Perfekt zu bilden (dabei ist es unveränderlich) oder mit **estar**, um einen Zustand zu beschreiben. Im zweiten Fall verhält es sich wie ein Adjektiv.

  mit haber (Perfekt):   *DAS PARTIZIP IST UNVERÄNDERLICH*
  Ha escrit**o** una carta a Juan.
  Ha escrit**o** un libro.
  Ha escrit**o** unas canciones.
  Ha escrit**o** unos artículos.

  mit estar (Eigenschaft):   *DAS PARTIZIP STIMMT IN GESCHLECHT UND*
  La carta está bien escrit**a**.   *ZAHL MIT DEM SUBSTANTIV ÜBEREIN*
  El libro está bien escrit**o**.
  Las canciones están bien escrit**as**.
  Los artículos están bien escrit**os**.

ALGUNA VEZ, MUCHAS VECES, NUNCA

- ¿Has estado **alguna vez** en México? – Warst du schon einmal in Mexiko?
- Sí, { **una vez.** – Ja, einmal.
        dos/tres/.../varias/muchas veces. – Ja, zwei/drei/.../mehrere Male.
  No, (**no** he estado) **nunca.** – Nein, (ich war) noch nie (dort).

Man kann auch sagen:

Nunca he estado en México. – Ich war noch nie in Mexiko.

DER INFINITIV

Der Infinitiv kann im Satz dieselbe Funktion haben wie ein Substantiv: er kann Subjekt, Objekt etc. sein.

Aprender un idioma es difícil. – Eine Sprache zu lernen ist schwierig.
Me gustaría **trabajar** en una escuela. – Ich würde gern in einer Schule arbeiten.
Quiero **trabajar** en un banco. – Ich möchte bei einer Bank arbeiten.

FÄHIGKEITEN

- Dem deutschen Verb „können" im Sinne von „die Fähigkeit besitzen" bzw. „gelernt haben" entspricht im Spanischen das Verb **saber**. Man kann es mit *INFINITIV* oder mit einem Substantiv verwenden.

	SABER
(yo)	**sé**
(tú)	sab**es**
(él, ella, usted)	sab**e**
(nosotros/as)	sab**emos**
(vosotros/as)	sab**éis**
(ellos, ellas, ustedes)	sab**en**

Du kennst schon das Verb **poder**. Es bedeutet ebenfalls „können", aber im Sinne von „die Möglichkeit/Gelegenheit haben":

¿**Sabes** jugar al tenis? ¿**Puedes** venir mañana para jugar con nosotros?
Yo **no sé** tocar la guitarra, pero puedo comprarme una.

- Auch für „spielen" gibt es im Spanischen zwei Verben: tocar (= ein Instrument spielen) und jugar, wenn es um ein Spiel oder eine Sportart geht.

Wie man die Fähigkeiten einer Person bewertet:

Ana toca la guitarra **muy bien**.
Luis juega al tenis **bastante bien**.
Yo juego al ajedrez **regular**.
Felipe **no** habla inglés **demasiado bien**.
Marta **no** canta **nada bien**.

Puedo { nadar. / tocar la guitarra. / conducir. }
Juego la guitarra. [durchgestrichen]

GRAMMATIKÜBERSICHT

SPRACHEN

- Im Spanischen stimmt die Bezeichnung für die Sprachen mit der Nationalitätsbezeichnung (männlichen Form im Singular) überein.

el griego	el turco
el francés	el italiano
el árabe	el alemán
el inglés	el holandés

  ¿Hablan ustedes italiano?
  Yo, un poco.
  Yo lo hablo bastante bien.
  Yo lo entiendo pero no lo hablo.

- In Verbindung mit **hablar, saber**, etc. kann man die Sprachen mit oder ohne Artikel verwenden, am Satzanfang nur mit Artikel.

  Sabe ruso. / Habla ruso.
  Sabe **el** ruso. / Habla **el** ruso.

  Aber:
  El ruso es un idioma muy difícil para los españoles.
  El francés tiene muchas vocales.

WIE MAN MEINUNGEN, EINVERSTÄNDNIS UND WIDERSPRUCH ÄUSSERT

WIE MAN EINE MEINUNG ÄUSSERT	
• Maribel trabaja bien. **Yo creo que** Maribel trabaja bien.	• Maribel **no** trabaja bien. **Yo creo que** Maribel **no** trabaja bien.
WIDERSPRUCH	WIDERSPRUCH
○ **Yo creo que no**.– Ich glaube nicht.	○ **Yo creo que sí**. – Ich glaube wohl/doch.
EINVERSTÄNDNIS	
○ **Sí, es verdad**.	
WIE MAN INFORMATIONEN, MEINUNGEN, ARGUMENTE HINZUFÜGT	
○ **Sí/No, y además** es una persona muy especial.	
WIE MAN TEILWEISE WIDERSPRICHT	
○ **Sí/No, pero** es una persona muy especial.	

Um sich auf etwas zu beziehen, was andere gesagt haben, verwendet man **eso**.

Eso que ha dicho Javier no es verdad. – Was Javier gesagt hat, stimmt nicht.
No estoy de acuerdo con **eso**. – Ich bin damit nicht einverstanden.
Eso es muy interesante. – Das ist sehr interessant.

Hier findest du

folgende Übungen

1 **Gusta/gustan:** Vorlieben beim Essen

2 Wortschatz: spanische Produkte

3 Wortschatz: Maße und Verpackungen

4 Wortschatz: Zutaten und Mengen

5 Wortschatz: Gemüse, Fisch und Fleisch

6 **HV** Nach dem Preis fragen

7 Gespräche im Geschäft

8 Gespräche im Geschäft

9 Test über Ernährungsgewohnheiten

10 Häufigkeit: **nunca, a veces, a menudo**...

11 Spanische Gerichte

12 Spiel mit Wörtern

13 Lebensmittel definieren

14 Zutaten der Paella

15 Vorspeise, Hauptgericht und Nachspeise

16 Dein Lieblingsessen

17 Ein Menü zum Abnehmen

18 Kreuzworträtsel: Küchengeräte

19 **Poco, demasiado, mucho, suficiente**...

20 Rezept: unpersönliche Verbform

21 Wortschatz: Lebensmittel und ihre Zubereitung

22 **Lo, la, los, las**

23 Was sie heute gegessen haben

24 **HV** Rezept der „Fideuá"

25 **HV** Gespräch im Restaurant

AGENDA

GRAMMATIK-ÜBERSICHT

gente que come bien

1 Sieh dir die Seiten 70 und 71 im Lehrbuch an und notiere die Namen verschiedener Produkte nach deinem Geschmack an der entsprechenden Stelle.

Me gusta muchísimo...	Me gustan muchísimo...	Me gusta bastante...	Me gustan bastante...
la uva			

No me gusta mucho...	No me gustan mucho...	No me gusta nada...	No me gustan nada...

Nunca he probado...

_____

2 Wie viele Lebensmittel und typisch spanische Gerichte kennt ihr schon? Erstellt in Gruppen eine Liste. Welche Gruppe kennt am meisten?

3 Vervollständige diese beiden Einkaufslisten.

| paquetes | docena | cartón | litros | barra | kilos | gramos | latas | paquete | botella |

2 _____ de leche
1 _____ de azúcar
3 _____ de cerveza
1 _____ de huevos
2 _____ de manzanas

1 _____ de leche
1 _____ de vino tinto
250 _____ de queso
3 _____ de macarrones
1 _____ de pan

4 Schau dir die Fotos an. Was glaubst du braucht man, um den Kuchen und den Salat zuzubereiten? Notiere die Zutaten und Mengen.

1/2 kilo de fresas

gente que come bien

5 Der Supermarkt Blasco hat einen neuen Mitarbeiter. Kannst du ihm helfen, jedes Produkt an seinen Platz zu stellen?

chorizo	leche	cerveza	truchas	jamón	gambas
fresas	naranjas	cava	limones	cordero	espárragos
manzanas	cerdo	cebollas	vino	pollo	sardinas

VERDURA

PESCADO

CARNE

FRUTA

BEBIDAS

6 Hör dir dieses Gespräch in einem Lebensmittelgeschäft an und markiere die richtige Antwort.

1. ¿Qué dice el cliente para preguntar el precio de un producto?
- ☐ ¿Cuánto valen las fresas?
- ☐ ¿A cuánto están las fresas?
- ☐ ¿Cuánto cuestan las fresas?

2. ¿Y para preguntar el precio total?
- ☐ ¿Cuánto es todo?
- ☐ ¿Cuánto vale todo?
- ☐ ¿Cuánto cuesta todo?

3. ¿Qué compra?
- ☐ Fresas, huevos y azúcar.
- ☐ Jamón, azúcar y fresas.
- ☐ Leche, jamón y huevos.

gente que come bien

7 Kannst du diesen Dialog in einem Lebensmittelgeschäft ergänzen?

- Hola, buenos días, ¿Qué le pongo?

  ○ _____

- Pues sí, tenemos éstos, que son fantásticos.

  ○ _____

- Un kilo, muy bien. ¿Algo más?

  ○ _____

- A doscientas cincuenta la docena.

  ○ _____

- Pan no tenemos. Lo siento.

  ○ _____

- A ver, son... 525 pesetas.

  ○ _____

- Gracias a usted. Hasta luego.

  ○ _____

8 Nun spielt ihr zu zweit eine Einkaufssituation mit Hilfe der folgenden Angaben.

A: DEPENDIENTE/A

Trabajas en el supermercado. Primero, decide el precio en pesetas de los productos de la lista. Luego, atiende a tu compañero que va a hacer la compra en tu supermercado.

B: CLIENTE

Necesitas las cosas de la lista y vas a comprarlas al supermercado. Tu compañero será el dependiente. Pero ojo: pregunta los precios porque sólo llevas 5.000 ptas. A lo mejor no puedes comprarlo todo.

3 kilos de naranjas
2 botellas de aceite
1 kilo de tomates
6 botellas de vino tinto
2 botellas de cava
2 docenas de huevos
1/4 de kilo de queso
1 kilo de azúcar
8 cocacolas light

gente que come bien

9 Ernährst du dich gesund? Dieser Test gibt dir darüber Auskunft.

¿Comes carne de cerdo?
- a. Sí, una vez por semana.
- b. Sí, cinco veces por semana.
- c. No, nunca.

¿Comes huevos?
- a. Sí, dos huevos por semana.
- b. Sí, cada día.
- c. No, casi nunca.

¿Tomas alcohol?
- a. Sí, un poco de vino con las comidas.
- b. Sí, todos los días tomo alguna copa (whisky, coñac) y cerveza.
- c. No, no tomo alcohol.

¿Comes "comida rápida"?
- a. Sí, de vez en cuando.
- b. Sí, a menudo.
- c. No, nunca he estado en un MacDonald's.

¿Bebes agua?
- a. Sí, un litro y medio al día.
- b. ¿Agua? Sí, en la ducha.
- c. Sí, tres litros al día.

¿Comes pescado?
- a. Sí, dos o tres veces por semana.
- b. No, no me gusta. Tiene espinas.
- c. No me gusta mucho pero lo como porque es sano.

Las ensaladas...
- a. me gustan.
- b. ¡Qué horror!
- c. son mi plato preferido.

---

número de respuestas A: número de respuestas B: número de respuestas C:

RESULTADO:

Si tienes muchas respuestas a: te alimentas equilibradamente.

Si tienes muchas respuestas b: cuidado, tienes que cambiar algunos hábitos.

Si tienes muchas respuestas c: te alimentas bien pero no hay que exagerar. No hay que ser tan estricto con la dieta...

---

10 Erstelle eine Liste mit den Häufigkeitsangaben, die in dem Test vorkommen. Formuliere anschließend mit diesen Ausdrücken einige Sätze, um deine Gewohnheiten zu beschreiben.

> Voy a nadar dos veces por semana.

ciento once

gente que come bien

11 Hier sind einige typisch spanische Gerichte beschrieben. Weißt du, wie sie heißen?

1 Es una sopa fría, de origen andaluz. Se hace con tomates, pimientos, cebolla, pan, ajo, aceite, vinagre y agua. Se toma especialmente en verano.

2 Es un plato típico de Madrid. Lleva muchísimas cosas: garbanzos, chorizo, carne de cerdo, verduras, etc. Primero se toma una sopa de fideos y, luego, las verduras y las carnes con las que se ha hecho la sopa. Se come especialmente en invierno porque es un poco pesado.

3 Es el plato español más conocido: el ingrediente principal es el arroz, pero lleva muchas otras cosas: se puede poner pescado, pollo, conejo u otras clase de carne. Lleva algunas verduras y, muchas veces, marisco. Su origen está en Valencia, pero se toma en todo el país.

4 Son trozos de tomate, pimiento, cebolla y otras verduras, cocinados muy despacio. Se toma con huevos fritos. Es un plato muy típico de La Mancha.

☐ PISTO   ☐ PAELLA

☐ COCIDO   ☐ GAZPACHO

Beschreibe nun zwei typische Gerichte aus deinem Land oder deiner Gegend und erkläre sie den anderen Kursteilnehmer/innen.

12 Weißt du, welche Begriffe gemeint sind? Das Lösungswort ist ein spanisches Produkt.

UN PRODUCTO TÍPICO ESPAÑOL

1. Es una fruta que se cultiva mucho en el Mediterráneo. Su zumo se toma muy a menudo para desayunar.   _ _ _ _ _ _ ☐ _

2. Es un objeto metálico para conservar alimentos.   _ ☐ _ _ _

3. Es un marisco rojo, muy rico a la plancha. Se pone también en la paella.   _ _ ☐ _ _ _

4. Se toma después del segundo plato.   _ ☐ _ _ _ _ _

5. Es una bebida. Puede ser blanco, tinto o rosado.   _ _ _ ☐ _

gente que come bien

13 Schreibe eine Definition von zwei Wörtern, die du in Lektion 25 gelernt hast. Danach liest du sie der Gruppe vor, ohne das Wort zu nennen. Die anderen raten, worum es sich handelt.

14 Welche dieser Zutaten findet man in einer Paella? Besprich es mit den anderen Kursteilnehmer/innen.

- ☐ nueces
- ☐ garbanzos
- ☐ pimientos
- ☐ huevo duro
- ☐ mejillones
- ☐ sardinas
- ☐ guisantes
- ☐ jamón
- ☐ arrroz
- ☐ pollo
- ☐ alcachofas
- ☐ almendras
- ☐ queso
- ☐ zanahorias
- ☐ gambas

- ● ¿La paella lleva nueces?
- ○ No, no, nueces, no.

Kennst du noch andere mögliche Zutaten für eine Paella?

15 Das Restaurant „Casa Leonardo" hat einen neuen ausländischen Chef, dem es Probleme bereitet, diese Gerichte auf der Speisekarte richtig anzuordnen. Kannst du ihm helfen?

gambas al ajillo

filete de ternera con patatas

flan

tarta de limón

helado

gazpacho

fideuá

calamares a la romana

huevos con chorizo

manzana

pollo asado

merluza a la romana

espárragos con mayonesa

Menú del día

Primer plato

*

Segundo plato

*

Postre

Kannst du noch andere Gerichte auf die Speisekarte setzen?

gente que come bien

16 Was sind deine Lieblingsgerichte? Stelle ein Menü zusammen. Du kannst ein Wörterbuch zu Hilfe nehmen. Einiges lässt sich vielleicht auch gar nicht übersetzen.

Mi menú favorito

De primero

*

De segundo

*

De postre

17 Das Hotel „Gente Sana" bietet eine Schlankheitskur an. Die Gäste sollen auf gesunde Weise in drei Tagen drei Kilo abnehmen. Kannst du das Menü zusammenstellen? Mache einen Vorschlag und diskutiere ihn mit den anderen.

* * * HOTEL BALNEARIO *GENTE SANA* * * *

	VIERNES	SÁBADO	DOMINGO
Desayuno			
Almuerzo Primer plato: Segundo plato: Postre:			
Cena Primer plato: Segundo plato: Postre:			

gente que come bien

18 Ein Kreuzworträtsel mit Küchengeräten. Kannst du es lösen?

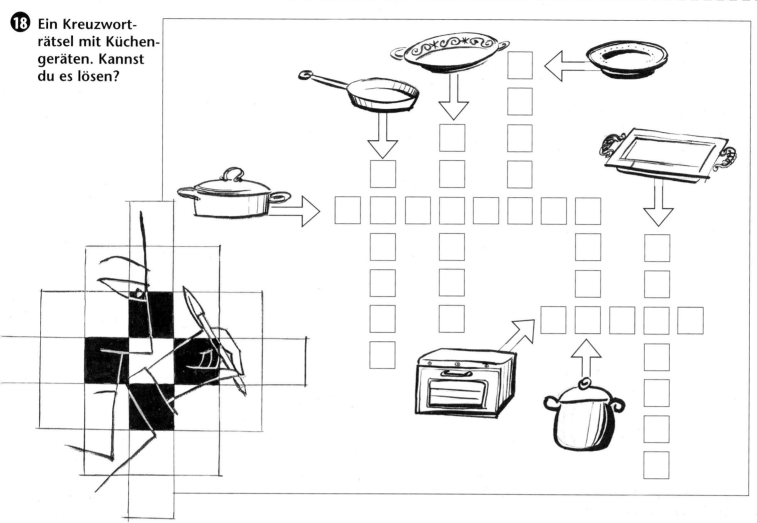

19 Ein Freund hat dir diese Liste mit Zutaten für Apfelkompott gegeben, aber die Mengenangaben sind nicht ganz in Ordnung, oder? Schreibe auf, was deiner Ansicht nach nicht stimmt. Du kannst dazu folgende Begriffe verwenden: **demasiado/a/os/as, mucho/a/os/as, suficiente/s, poco/a/os/as.**

Lleva demasiada agua.

INGREDIENTES (para seis personas)
2 manzanas
500 g de mantequilla
1 litro de agua
medio vaso de vino
10 g de sal
50 g de pimienta

20 Wenn du das vollständige Rezept für Apfelkompott erhalten willst, musst du die Elemente der linken und rechten Spalte richtig miteinander verbinden.

Se pelan	un poco de mantequilla en una cacerola
y se cortan	las manzanas con un poco de sal.
Después, se calienta	durante diez minutos.
y se añaden	las manzanas
Se pone	en trozos pequeños.
y se hierve todo	un vaso de agua y medio de vino blanco

115
Ciento quince

gente que come bien

21 Kannst du zwei Beispiele für jede Gruppe finden, ohne dass ein Produkt doppelt genannt wird?

Se comen crudos: plátanos, _____.

Se hacen en una sartén: _____, _____.

Se hierven: _____, _____.

Se asan en el horno: _____, _____.

Se hacen a la plancha: _____, _____.

Llevan salsa: _____, _____.

Se comen sin sal: _____, _____.

Se pelan: _____, _____.

22 Kannst du dieses Rezept verbessern, indem du die *kursiv* gedruckten Wörter durch die Objektpronomen **lo**, **la**, **los**, **las** ersetzt?

POLLO CON CIRUELAS

Ingredientes (para cuatro personas):
1 pollo mediano
2 vasos de vino blanco
1 cebolla grande
1 vaso (pequeño) de jerez
250 g de ciruelas pasas
sal y pimienta

Preparación:
Primero hay que cortar el pollo en trozos y limpiar *los trozos de pollo* y salar *los trozos*. Después, poner un poco de aceite en una cacerola, calentar *el aceite* y freír el pollo por los dos lados durante diez minutos, retirar *el pollo* y guardar *el pollo*. En el mismo aceite, echar la cebolla y freír *la cebolla*. Es mejor freír *la cebolla* a fuego lento, así no se quema. Luego, añadir el pollo y poner en la cacerola las ciruelas y mezclar bien *las ciruelas* con el pollo y la cebolla. Añadir el vino y el jerez y dejar cocer durante 25 minutos.

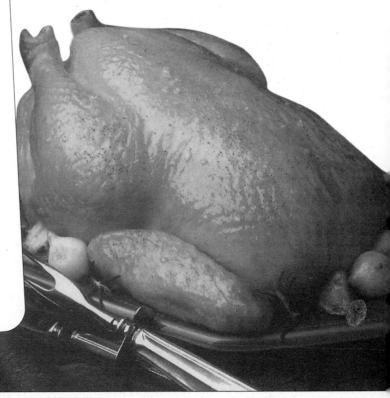

gente que come bien

23 Sonia, die Frau von Pepe Corriente, sagt uns, was sie heute gegessen haben. Vervollständige den Text mit folgenden Wörtern.

al horno	tapas	patatas	fruta	aperitivo
leche	bocadillo	mantequilla	postre	zumo

Hoy, para desayunar, hemos tomado un café con _____ , _____ de naranja y pan con _____ y mermelada. A eso de las dos hemos ido a una cervecería del centro para tomar el _____ con unos amigos: un par de vinos y unas _____. Hemos comido tarde, a las tres y pico, en casa de la madre de Pepe. Nos ha preparado un pescado _____ con _____ que estaba riquísimo, y de _____ ha hecho natillas. Para cenar, yo no he tomado casi nada, sólo un poco de _____ pero Pepe se ha preparado un _____ de jamón y queso.

24 Eine Spanierin erklärt das Rezept der "Fideuá". Hör zu und notiere einige der Zutaten, die sie nennt.

25 Kannst du dieses Gespräch in einem Restaurant ordnen?

CAMARERO
- ¿Qué va a tomar?
- ¿Y para beber?
- Ahora mismo. ¿De postre quiere algo?
- Es bacalao fresco, fantástico...
- ¿Y de segundo?

CLIENTE
○ Pues entonces bacalao.
○ Por favor, un poco más de agua.
○ Pues de primero la sopa de la casa.
○ No gracias. Un café solo y me trae la cuenta, por favor.
○ Agua mineral sin gas.
○ A ver... ¿El bacalao qué tal?

• _____
○ _____
• _____
○ _____
• _____
○ _____
• _____
○ _____

(Un rato después:)

○ _____
• _____
○ _____

117

Ciento diecisiete

Lernstrategien

 Hör dir diesen Streit eines Ehepaars an und markiere die zutreffenden Antworten.

1. ¿Qué relación existe entre los dos?
   - ☐ a. Amigos que viven juntos.
   - ☐ b. Madre e hijo.
   - ☐ c. Marido y mujer.

2. ¿Dónde están?
   - ☐ a. En la calle.
   - ☐ b. En la casa donde viven los dos.
   - ☐ c. En casa de unos amigos.

3. ¿De qué están hablando?
   - ☐ a. De problemas domésticos.
   - ☐ b. De política.
   - ☐ c. De problemas del trabajo.

4. ¿Qué actitud tiene la mujer?
   - ☐ a. Está nerviosa.
   - ☐ b. Está triste.
   - ☐ c. Está enfadada.

5. ¿Por qué?
   - ☐ a. Por la actitud del hombre en la casa.
   - ☐ b. Porque el hombre bebe mucho.
   - ☐ c. Porque ella siempre habla así.

6. ¿Y qué actitud tiene el hombre?
   - ☐ a. Está sorprendido.
   - ☐ b. Está enfadado.
   - ☐ c. Está alegre.

Was hat dir geholfen, die Fragen zu beantworten?

Hör den Dialog noch einmal. Musst du alle Wörter kennen, um die Situation zu verstehen?

Ein Gespräch zu verstehen bedeutet mehr, als nur zu verstehen, was gesagt wird. Es bedeutet zu verstehen, was passiert. Dazu ist es nicht nötig, die Übersetzung jedes einzelnen Wortes zu kennen. Du hast es gerade selbst feststellen können, nicht wahr?

Autoevaluación

En general:

	☀	⛅	☁	☁☁
Mi participación en clase				
Mi trabajo en casa				
Mis progresos en español				
Mis dificultades				

Y en particular:

	😀	🙂	😐	😕	😟
Gramática					
Vocabulario					
Fonética y pronunciación					
Lectura					
Audición					
Escritura					
Cultura					

Diario personal

En las lecciones de GENTE QUE COME BIEN me ha parecido muy interesante _____, pero no me ha parecido tan interesante _____. Creo que he aprendido mucho sobre _____ pero todavía tengo problemas con _____. También he aprendido _____ y _____. Para no olvidar palabras nuevas lo que hago es _____. Me gustaría hacer más actividades para practicar _____ y _____. En general, desde el principio del curso, creo que he avanzado (muchísimo / mucho / bastante / poco).

GRAMMATIKÜBERSICHT

MASSE UND GEWICHTE

Un **kilo de** carne	1 kg	
Un **litro de** leche	1 l	~~un kilo carne~~
Un **cuarto de kilo de** carne	1/4 kg	
Un **cuarto de litro de** leche	1/4 l	
Medio kilo de carne	1/2 kg	
Medio litro de leche	1/2 l	~~un medio kilo~~
Tres cuartos de kilo de carne	3/4 kg	
Tres cuartos de litro de leche	3/4 l	
100 **gramos de** jamón	100 g	
250 **gramos de** queso	250 g	
Una **docena de** huevos	(=12)	
Media docena de huevos	(=6)	~~una media docena~~

POCO, SUFICIENTE, BASTANTE, MUCHO, DEMASIADO

Wenn sich diese Wörter auf ein Substantiv beziehen, sind sie als Adjektive veränderlich:

SINGULAR		PLURAL	
MÄNNLICH	WEIBLICH	MÄNNLICH	WEIBLICH
poc**o**	poc**a**	poc**os**	poc**as**
much**o**	much**a**	much**os**	much**as**
demasiad**o**	demasiad**a**	demasiad**os**	demasiad**as**
suficient**e**		suficient**es**	
bastant**e**		bastant**es**	

Bebe demasiad**o** alcohol.　　Come poc**a** fibra.
Toma much**os** helados.　　Come demasiad**as** hamburguesas.
No hace suficient**e** ejercicio.　　Tiene bastant**es** amigos.

Wenn sie sich hingegen auf ein Verb beziehen, sind diese Wörter als Adverbien unveränderlich. Man verwendet nur die männliche Form im Singular.

　　Come **poco**.
　　Fuma **bastante**.
　　Lee **mucho**.
　　Trabaja **demasiado**.

Aber:

　　No duerme **lo suficiente**. – Er schläft nicht genug.

NINGUNO (NINGÚN)/NINGUNA, NADA

- Um anzugeben, dass etwas nicht vorhanden ist, verwendet man bei zählbaren und nicht zählbaren Dingen das Substantiv allein, ohne ningún/ninguna:

  No he comprado manzanas. – Ich habe keine Äpfel gekauft.
  No tenemos guisantes. – Wir haben keine Erbsen.
  No tenemos aceite ni vinagre. – Wir haben weder Öl noch Essig.
  No queda leche. – Es ist keine Milch mehr da.

Wenn das Substantiv vorher schon erwähnt wurde, kann es in der Antwort wegfallen:

  • ¿Hay fresas? – Gibt es Erdbeeren?
  ◦ No, no hay. – Nein, es gibt keine.

Man kann auch sagen:

  No, no hay fresas. – Nein, es gibt keine Erdbeeren.
  No, fresas no hay. – Nein, Erdbeeren gibt es nicht.

- Wenn etwas **Zählbares** nicht vorhanden ist, und man möchte den Gegensatz zu einer bestimmten Menge betonen, verwendet man **ningún/ninguna**. Vor dem Verb steht zusätzlich **no**.

  En la nevera **no** queda **ninguna manzana**.
  Im Kühlschrank ist kein einziger Apfel.
  Este año **no** he comido **ningún helado**.
  Diese Jahr habe ich kein einziges Eis gegessen.

Wenn das Substantiv zuvor erwähnt wurde, können die Formen **ninguno/ninguna** alleine stehen; vor dem Verb steht **no**.

  • ¿Has comido muchas manzanas?   • ¿Has comido muchos helados?
  ◦ No, **no** he comido **ninguna**.   ◦ No, **no** he comido **ninguno**.

  No he comido ningunas.   No he comido ningunos.

Beachte:
Es gibt eine Reihe von zählbaren Dingen, bei denen das Substantiv im Singular, ohne Artikel und ohne **ningún/ningua**, verwendet wird:

Bei Einrichtungen und Apparaten, die üblicherweise nur einmal vorhanden sind: **piscina, teléfono, aire acondicionado, aeropuerto, garaje, jardín**...

Bei persönlichen Dingen und Gegenständen, von denen man normalerweise nur eins hat: **ordenador, coche, barba, bigote**...

Bei Substantiven, die eine persönliche Beziehung ausdrücken: **madre, novio, jefe**...

- ••○ Wenn etwas **Nicht-Zählbares** nicht vorhanden ist, und man möchte den Gegensatz zu einer bestimmten Menge betonen, verwendet man **nada (de)**. Vor dem Verb steht zusätzlich **no**:

    En la nevera **no** queda **nada de** leche.
    Im Kühlschrank ist überhaupt keine Milch mehr.
    Llevan mucho arroz y azúcar, pero **nada de** aceite ni **de** sal.
    Sie enthalten viel Reis und Zucker, aber überhaupt kein Öl und Salz.

    Wenn das Substantiv zuvor erwähnt wurde, verwendet man nur **nada**:

    • ¿Has puesto mucha harina en este pastel?
    ○ No, **no** he puesto **nada**.

UNPERSÖNLICHE AUSDRUCKSWEISE: SE + VERB

- ••○ Bei Substantiven im Singular steht das Verb in der 3. Person Singular:

    Aquí **se** com**e** un pescado muy rico.
    En este pueblo **se** beb**e** mucho vino.

- ••○ Bei Substantiven im Plural steht das Verb in der 3. Person Plural:

    En España **se** public**an** muchas novelas al año.
    En este país **se** fabric**an** muchos licores.

- ••○ Fehlt das Substantiv, steht das Verb in der 3. Person Singular:

    En España **se cena** tarde.
    Aquí **se vive** muy bien.

WIE MAN IM RESTAURANT ETWAS BESTELLT

- ••○ Wie man etwas zu essen bestellt:

    De primero, quiero macarrones.   **De segundo**, voy a comer lomo.
    De postre, helado de chocolate.   Y **para beber**, agua sin gas.

- ••○ Wie man um etwas bittet:

    ¿Me puede traer

        un cuchillo/un tenedor/una botella de agua...?

    un poco más de { pan? / salsa? / agua? / vino? }   BEI NICHT ZÄHLBAREN DINGEN

    otro(s) { vaso de vino? / dos cafés? }

    BEI ZÄHLBAREN DINGEN

    otra(s) { dos cervezas? / ración de jamón? }

29-30-31-32 GENTE QUE VIAJA

gente que viaja

Hier findest du

folgende Übungen

1 Wortschatz: persönliche Gegenstände

2 Geschlecht der persönlichen Gegenstände

3 **Ya/todavía no** + Perfekt

4 Aktivitäten in Verbindung mit Reisen

5 Vervollständigen eines Lesetextes

6 HV Ya, todavía, a punto de, entre...

7 HV Zugfahrpläne

8 De... a... + Perfekt

9 Erfahrungen auf einer Reise: Perfekt

10 HV Dialog: Hotelreservierung

11 HV Öffnungszeiten

12 **Ya/todavía** + direktes und indirektes Objektpronomen

13 Signalwörter (Zeitangaben)

14 Ein Terminkalender: **ir a** + Infinitiv

15 Reisen die Spanier viel?

16 Der ideale Urlaubsort

17 HV Regionale Unterschiede in der Aussprache

18 Dein Stundenplan

19 Der Zeitplan von Jesús. **antes de, después de, a las, por la...**

20-21 Fragen, Empfehlungen und Vorlieben im Bezug auf Reisen

22 Ein Hotel auswählen

22 Interkulturelle Unterschiede

AGENDA

GRAMMATIK-ÜBERSICHT

gente que viaja

1 Sieh dir die Tasche von Ariadna Anguera auf Seite 81 im Lehrbuch genau an. Mach das Buch anschließend zu. Welche dieser Gegenstände sind in ihrer Tasche? Kreuze die ensprechenden Kästchen an.

___ plano de la ciudad ☐	___ mapa de carreteras ☐	___ guía de hoteles ☐
___ agenda personal ☐	___ agenda de trabajo ☐	___ tarjetas de crédito ☐
___ llaves de casa ☐	___ guía de teléfonos ☐	___ calculadora ☐
___ pasaporte ☐	___ teléfono móvil ☐	___ billetes de avión ☐
___ llavero ☐	___ ordenador portátil ☐	___ cámara fotográfica ☐
___ calendario ☐	___ tarjetas de visita ☐	___ moneda extranjera ☐
___ gafas de sol ☐	___ llaves del coche ☐	___ billetes de banco ☐

2 Schreibe nun vor jedes Wort den zugehörigen bestimmten Artikel (**el**, **la**, **los**, **las**). Notiere auch, welche Dinge du auf deiner letzten Reise gebraucht hast.

3 Sieh dir den Terminkalender auf S. 81 im Lehrbuch an. Stell dir vor, dass jetzt Donnerstag, der 24. April, 18 Uhr ist. Hat Ariadna diese Dinge bereits getan oder wird sie sie noch tun?

	VERDADERO	FALSO
a. Ya ha comido con Jean Pierre.	☐	☐
b. Todavía no ha ido a Valencia.	☐	☐
c. Todavía no ha jugado al tenis con Jaime.	☐	☐
d. Ya ha estado en París.	☐	☐
e. Ha ido a la cena de cumpleaños de su madre.	☐	☐
f. Va a ver al Sr. Puig.	☐	☐

Kannst du noch drei Dinge notieren, die Ariadna in dieser Woche **schon** oder die sie **noch nicht** getan hat?

YA...

TODAVÍA NO...

gente que viaja

4 Was machst du normalerweise vor, während und nach einer Reise? Ordne die aufgeführten Aktivitäten entsprechend zu. Du kannst auch andere hinzufügen.

comprar los billetes   revelar las fotos   planchar camisas
hacer fotos   deshacer la maleta   comprar regalos   hacer la maleta
alquilar un coche   cambiar dinero   escribir postales

ANTES

DURANTE

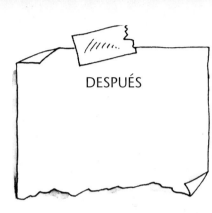

DESPUÉS

5 Diesen Text kennst du schon aus dem Lehrbuch. Ergänze die fehlenden Wörter.

EL CAMINO DE SANTIAGO

Desde la Edad Media _____ hoy, miles de peregrinos cruzan los Pirineos y viajan _____ el oeste, hasta la tumba del Apóstol Santiago, en la _____ de Santiago de Compostela.

Los peregrinos van a _____, a caballo o en bicicleta, por motivos religiosos, turísticos o_____. Algunos viajan solos y _____ en grupo, con _____ o con la familia. De Roncesvalles a Compostela encuentran iglesias románicas, _____ góticas, pueblos pintorescos, paisajes _____ variados...; y cada pocos kilómetros, una posada, un lugar donde _____ gratis, normalmente con camas y duchas.

29 30 31 32
gente que viaja

6 Wenn du Übung 1 im Lehrbuch auf Seite 82 richtig gelöst hast, kannst du die Fragen beantworten, die du nun von der Kassette hörst.

NOMBRE DEL PEREGRINO

1. _____
2. _____
3. _____
4. _____
5. _____
6. _____
7. _____
8. _____
9. _____

7 Dir liegt dieser Zugfahrplan Madrid-Segovia vor, aber als du bei der Auskunft der Bahn anrufst, um dir die Zeiten bestätigen zu lassen, hörst du vom Anrufbeantworter einen neuen Fahrplan. Kannst du die Änderungen markieren?

MADRID	SEGOVIA
6,17	8,13 (1)
10,17	12,05
14,17	16,06
16,23	18,01 (1)
20,17	22,10 (2)

(1) Laborables, excepto sábados. No circula: 1/5, 25/12, 1/1
(2) Diario, excepto domingos.

8 Du kennst bereits Rick Van Patten, einen holländischen Studenten, der einen Spanischkurs in Granada besuchen will. Sieh dir seine Reiseroute an und ergänze anschließend das Gespräch zwischen Rick und Carlos, seinem spanischen Freund.

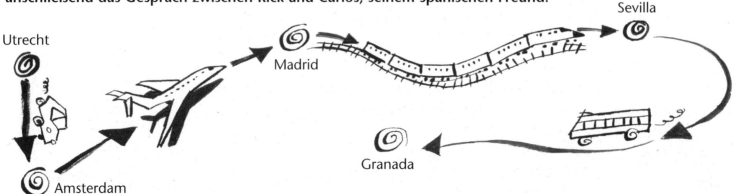

CARLOS: ¿Y qué tal el viaje?
RICK: Un poco cansado, pero muy bien. De Utrecht a Amsterdam he ido _____ _____ , y allí he _____ un _____ _____ Madrid.
CARLOS: ¿Y has venido a Granada en avión también?
RICK: No, qué va, el avión es carísimo. Primero he _____ a _____ en _____ para visitar a unos amigos y después, _____ Sevilla _____ Granada, he venido _____ autobús.

126
Ciento veintiséis

29 30 31 32
gente que viaja

9 Anne und Michael sind durch Spanien gereist. Als sie zurück in Frankfurt sind, liest Anne die Notizen in ihrem Tagebuch. Kannst du einige Dinge nennen, die sie gemacht haben oder die ihnen passiert sind?

> Han ido de Frankfurt a Sevilla en avión.

Avión Frankfurt - Sevilla - Frankfurt. ¡RETRASO!

Tren: Sevilla - Córdoba. VISITA A CÓRDOBA.

"Gentecar", agencia de alquiler de coches de Córdoba. SEAT IBIZA.

Hotel en Málaga: "LA LECHUZA".

Comida en Almería. Restaurante "El cangrejo verde". TAPAS MUY RICAS.

Avería entre Almería y Jaén (Guádix). Noche en Guádix. PINCHAZO EN MONTILLA.

Autobús Córdoba - Sevilla.

10 Du hörst jetzt einen Gast, der ein Hotelzimmer reserviert. Kannst du die Sätze des Hotelangestellten, der mit ihm spricht, in die richtige Reihenfolge bringen?

___ Muy bien, del lunes 10 al jueves 13, ¿a qué hora van a llegar?
___ De acuerdo, no hay ningún problema.
___ ¿Para cuántos días?
___ ¿De la mañana?
___ 12.500 la doble y 11.000 la individual.
___ Sí, sí, todas son con baño.
_1_ Sí, para ese día hay alguna libre.

HOTEL UNIVERSIDAD
* * *

- A un paso de la Ciudad Universitaria y de los centros de negocios.
- A 10 minutos del Paseo de la Castellana.
- 120 habitaciones con aire acondicionado.
- Tranquilo y bien comunicado.
- Sauna y Fitness.

gente que viaja

11. Sieh dir diese Öffnungszeiten an und höre die Gespräche. Haben die Sprecher Glück oder stehen sie zu dem genannten Zeitpunkt vor verschlossenen Türen?

Mikis
Jazz en directo todas las noches
hasta las 4h

¿Van a encontrar abierto?   sí ☐   no ☐

La Gaviota
ESPECIALIDADES MARINERAS

13h-17h y 20.30h-24h
(lunes noche y martes descanso semanal)

¿Van a encontrar abierto?   sí ☐   no ☐

EL CORTE FIEL
¡ESTE DOMINGO ABRIMOS!

Liquidación total por fin de temporada.
Venga a ver nuestras increíbles rebajas
de 9h a 21h todos los días.

¿Van a encontrar abierto?   sí ☐   no ☐

12. Stell dir vor, es ist vier Uhr nachmittags und du musst heute all diese Dinge tun. Kreuze 5 der genannten Aufgaben an, die du bereits erledigt hast (welche du willst). Dein/e Nachbar/in darf dir 8 Fragen stellen, um herauszufinden, welche es sind.

- ¿Ya has comprado el pan?
- Sí, ya lo he comprado.
  No, todavía no.

ir al banco
comprar el pan
preparar la cena
planchar tres camisas
llamar por teléfono a tus padres
escribir una carta a Teresa, una amiga española
recoger una chaqueta en la tintorería
sacar los billetes de avión para París
hacer los ejercicios de español
pagar la luz y el teléfono

TU COMPAÑERO

Ya ha...

13 Ordne diese Zeitangaben, ausgehend von heute, in chronologischer Reihenfolge.

dentro de tres años	el martes que viene	pasado mañana
el mes que viene	el domingo	mañana	el 24 de abril
el 25 de noviembre	en marzo del 2012

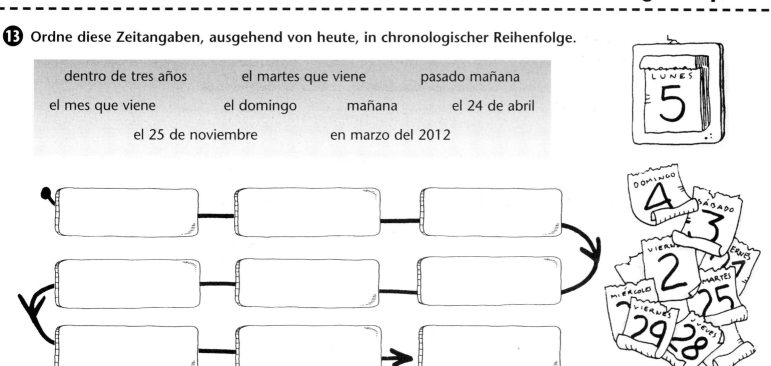

14 Die Sopranistin Renata Yacallé hat einen sehr vollen Terminkalender. Leider versteht sie die Notizen ihrer Sekretärin nicht, die zur Zeit krank ist. Kannst du ihr helfen? Schreibe auf, wo sie deiner Meinung nach an welchem Tag auftreten wird

Par. 13 y 25 jul.
Mil. Mar-30-sep.
Sid. 1 y 2 sep.
Barc. 15-20 jul.
Ven. 3-oct.
Rom. V-2-oct.
L.A. 22-ag.

N.Y. J-25-ag.

Va a cantar en Nueva York el jueves veinticinco de agosto.

gente que viaja

15 Bildet Gruppen und notiert, bevor ihr diesen Text lest, zwei Informationen, die er eurer Meinung nach enthalten könnte. Der/Die Kursleiter/in schreibt alle eure Sätze an die Tafel. Nach dem Lesen schaut ihr nach, welche eurer Vermutungen sich bestätigt haben.

LOS ESPAÑOLES Y LOS VIAJES AL EXTRANJERO

¿Viajamos mucho los españoles al extranjero? El tópico en los países de nuestro entorno dice que no, y la realidad es que los españoles de este siglo nunca han tenido fama de viajeros. Hace no muchos años la mayoría de los españoles que viajaba al extranjero lo hacía para encontrar un trabajo mejor y sólo unos pocos con dinero iban a otros países para pasar las vacaciones. De hecho, aún hoy la mayoría de los españoles prefiere disfrutar sus vacaciones dentro del país, con la familia y, generalmente, en lugares de playa. Pero, desde hace unos años, la costumbre de hacer viajes al extranjero se ha extendido gracias al abaratamiento de las tarifas aéreas y a la mejora de la economía. Y viajamos desde muy pequeños: cada vez es más normal que los niños pasen un verano en Gran Bretaña o Irlanda para aprender inglés o en Francia para aprender francés; las becas Erasmus y Sócrates han facilitado a miles de universitarios hacer parte de sus estudios en el extranjero, y ahora es muy difícil no encontrar grupos de españoles en cualquier capital europea durante las vacaciones de Semana Santa o de verano. Pero los países europeos no son los únicos escogidos por la gente que quiere conocer otros lugares: Hispanoamérica (especialmente México y Cuba) es uno de los destinos preferidos para escapar durante una semana o quince días. También Marruecos y, en menor medida, países como la India o Tailandia se encuentran entre la preferencias de los viajeros españoles.

En general el estereotipo es verdad: no salimos tanto de nuestro país como los alemanes o los británicos, pero también es verdad que este estereotipo, como tantos otros, está desapareciendo poco a poco.

130
Ciento treinta

gente que viaja

16 An welche dieser Orte würdest du gerne reisen?

Cancún, Varadero, Ibiza... un lugar de playa.

Disneylandia, Port Aventura, La Isla Mágica... un lugar de diversión.

Amazonas, Tierra del Fuego, Guinea Ecuatorial... un lugar exótico.

Sierra Nevada, Farellones, Baqueira... un lugar para esquiar.

Marbella, Canarias, Mallorca... un lugar para jugar al golf.

Cadaqués, Cayo Coco, la Alpujarra... un lugar tranquilo para descansar.

Salamanca, Toledo, Santiago... ciudades para conocer la historia de España.

Vergleiche deine Wahl mit den anderen Kursteilnehmer/innen. Gemeinsam könnt ihr euren „idealen Urlaubsort" beschreiben. Wenn er nicht existiert, könnt ihr einen erfinden.

Nombre: _____
¿Dónde está? _____
¿Cómo se puede ir? _____
¿Cómo es un día normal ahí? _____
_____
Breve descripción: _____
_____

17 Wenn du durch Spanien oder Lateinamerika reist, triffst du auf unterschiedliche Aussprachegewohnheiten. Jedes Land, jede Region und manchmal sogar einzelne Städte oder Dörfer haben typische Merkmale in ihrer Aussprache. Hör zu, wie diese drei Personen sprechen. Kannst du die beschriebenen Besonderheiten heraushören?

Los cubanos no pronuncian las **eses** finales de sílaba y generalmente hacen las **jotas** y las **ges** con aspiración, con un sonido parecido al de la **hache** en alemán.

En general, los hispanoamericanos pronuncian la **ce/zeta** y la **ese** igual. No tienen el sonido de la „th" en inglés como los españoles.

Los argentinos pronuncian la **elle** y la **i griega** de una forma muy curiosa, casi como la **ge** francesa o inglesa (como en "Gin").

gente que viaja

18 Um wie viel Uhr machst du folgende Dinge? Schreibe es auf (in Worten).

¿A qué hora te levantas, normalmente? _____
¿Y los días festivos? _____
¿A qué hora desayunas? ¿Antes o después de vestirte? _____
¿A qué hora empiezas a trabajar? _____
¿A qué hora sales del trabajo o de la escuela? _____
¿A qué hora tienes clase de español? _____
¿A qué hora es tu programa preferido de televisión? _____
¿A qué hora abren las farmacias en tu país? _____
¿A qué hora se cena en tu país? _____
¿Y tú? ¿A qué hora cenas? _____
¿Lees antes de dormir? ¿Hasta qué hora? _____
¿Escuchas la radio? ¿Cuándo? _____
¿Ves mucho la tele? ¿Cuántas horas al día? _____
¿A qué hora te acuestas? _____

19 Jesús Vera es un sehr systematischer Mensch, er macht jeden Tag dasselbe zur selben Zeit. Kannst du seine Aktivitäten in eine chronologische Reihenfolge bringen?

- ☐ Se acuesta a las once.
- ☐ Empieza a trabajar a las nueve.
- ☒ [1] Se levanta a las siete y media.
- ☐ Antes de desayunar hace un cuarto de hora de gimnasia.
- ☒ Después de hacer sus ejercicios de alemán, mira las noticias de la tele.
- ☐ A las diez y media come un bocadillo y toma un café en un bar, al lado de la oficina.
- ☐ Antes de acostarse escribe un par de páginas en su diario.
- ☒ Despúes de cenar, estudia un rato alemán.
- ☐ Come con un compañero de trabajo a las dos y media.
- ☐ Antes de cenar navega una horita por Internet.
- ☐ Cena a las nueve.
- ☐ Después de comer, juega una partida de ajedrez contra su ordenador.
- ☐ A las ocho y media coge el metro para ir a casa.
- ☐ Sale del trabajo a las seis menos cuarto.
- ☐ A las nueve y media llama por teléfono a su madre.
- ☐ Por la tarde va un rato a la biblioteca municipal y está consultando libros hasta las ocho y veinte.

Ciento treinta y dos

gente que viaja

20 Ein Reisebüro bietet folgende Reisen für den Monat November an.

DESTINO	VIAJE	DURACIÓN	SALIDA	TRANSPORTE	PRECIO	ALOJAMIENTO
FILIPINAS FASCINANTE	🏛 🏖	14 días	12 y 19/IX	avión y autocar	290.000 ptas.	hoteles ****
NEPAL	🌋 🥾	17 días	13/IX	avión y coche	310.000 ptas.	hoteles * y tiendas
PARÍS MONUMENTAL Y DISNEYLAND	📷 🏛	6 días	2 y 6/IX	avión y autocar	80.000 ptas.	hoteles **
KENIA MINISAFARI	📷 🌲	8 días	todos los miércoles	avión y 4x4	260.000 ptas.	hoteles ****
GUATEMALA	🌲 🏖	16 días	5, 19 y 26/IX	avión y 4x4	360.000 ptas.	tiendas y bungalows
CUBA	🐠 🏖	15 días	diario	avión y barco	150.000 ptas.	hoteles *** y bungalows

📷 Fotografía   🏛 Cultura   🏖 Mar y playa   🐠 Buceo   🌋 Aventura   🌲 Naturaleza   🥾 Trekking

Die folgenden 4 Kunden erklären dir ihre Bedürfnisse und ⎵⎵⎵ lieben. Welche Reise empfiehlst du jedem von ihnen? Es gibt verschiedene Möglichkeiten. Begründe deinen Vorschlag.

1. JUAN RODRÍGUEZ PALACIOS

Mi mujer y yo empezamos las vacaciones el 4 de noviembre y tenemos 18 días. Y este año queremos salir de Europa: África o América Latina... Nos interesan mucho la historia y la cultura. También nos encanta hacer excursiones, acampar y el contacto con la naturaleza.

Yo le recomiendo el viaje a _____

porque _____

2. MARÍA ZARAUZ BENITO

Somos tres chicas, compañeras de trabajo. Queremos unas vacaciones tranquilas. Descansar en un buen hotel, hacer algo de deporte, quizá... Queremos buen tiempo y playa. Y no queremos gastar más de 170.000 por persona.

Yo le recomiendo el viaje a _____

porque _____

gente que viaja

3. ÁNGEL TOLOSA DÍAZ

Viajamos dos parejas y tres niños. Y, claro, hay que encontrar un viaje para todos. Algo para los niños y algo para los mayores. Queremos estar una semana, más o menos, la primera semana de noviembre.

Yo le recomiendo el viaje a _____ porque _____

4. BERTA IBÁÑEZ SANTOS

Somos un grupo de amigos y queremos viajar unas dos semanas. Empezamos las vacaciones el día 9 de noviembre. Nos gustaría ir a un sitio diferente, especial, pero estar en hoteles buenos, cómodos. Somos todos mayores y no queremos mucha aventura, ¿sabe usted?

Yo le recomiendo el viaje a _____ porque _____

Aber vielleicht bist du noch unsicher, welche Reise du den Kunden empfehlen sollst. Formuliere einige Fragen, um sicher zu gehen, dass du ihren Geschmack triffst.

1. ¿_____?
2. ¿_____?
3. ¿_____?
4. ¿_____?

21 Wenn ihr wollt, könnt ihr nun zu zweit das Gespräch im Reisebüro spielen. Ein/e Kursteilnehmer/in spielt einen der Kunden, ein/e andere/r den Angestellten des Reisebüros.

29 30 31 32

gente que viaja

22 Sieh dir folgende Anzeigen an.

HOTEL MIRAFLORES
★★★★★

- Solárium y piscina.
- Hidromasaje.
- Situado en el centro de la ciudad y al lado de la playa.
- El hotel de lujo ideal para vacaciones o negocios.
- 100 habitaciones y 10 suites con vistas.
- Aire acondicionado en todas las habitaciones.

HOSTAL JUANITO

Precios económicos.
•••
Habitaciones con lavabo.
•••
En el casco antiguo de la ciudad, en el barrio con más ambiente.

Hotel Nenúfares
★★★★

A cinco minutos del aeropuerto y junto al Recinto Ferial. Campo de golf y tenis.

Todos los servicios para un viaje de negocios.

Muy bien comunicado (tren y autobuses).

Tres restaurantes: cocina internacional, cocina típica regional y barbacoa en nuestra terraza.

Für welches der drei Hotels entscheidest du dich ...?

- Si quieres un hotel muy lujoso,   el Miraflores.
- Si te gusta mucho hacer deporte durante tus viajes, _____
- Si quieres ver el mar, _____
- Si quieres salir por la noche, _____
- Si no quieres gastar mucho dinero, _____
- Si te interesa mucho la cocina, _____
- Si te gusta nadar, _____
- Si no quieres estar en el centro, _____
- Si quieres una habitación muy grande, _____
- Si es un viaje de trabajo, en avión, y vas a trabajar en una feria, _____
- Si no quieres tener calor, _____

23 Lies den Text auf Seite 88 im Lehrbuch. Stell dir vor, Herr Wais ist ein Manager aus deinem Land ist und schreibt den Text neu. Welche Konflikte gäbe es zwischen ihm und einem spanischen Manager?

Ciento treinta y cinco

Lernstrategien

Wenn du mit jemandem sprichst, musst du dir überlegen, was du sagst und wie du es sagst. Du kannst aber nicht alles vorher genau festlegen, denn gleichzeitig musst du auch auf das, was dein/e Gesprächspartner/in sagt, entsprechend reagieren, und das weißt du ja nicht im Voraus.

Ihr arbeitet nun zu zweit: A und B. Stellt euch vor, ihr seid in einem Reisebüro. Bevor ihr das Gespräch beginnt, müsst ihr eure Äußerungen vorbereiten.

A: CLIENTE

Has visto este anuncio en el periódico y vas a la agencia de viajes para informarte bien. Antes, decide qué fechas quieres ir y cuánto quieres gastarte en total.

Fechas en las que quieres ir: _____

Dinero que quieres gastarte: _____

¿Vas a ir solo o acompañado? _____

VIAJES MARISOL

¡Todo el año!

10 días en Ibiza
Vuelo + Hotel de **, *** y ****
(excursiones a Mallorca y a Menorca)

¡PRECIOS INCREÍBLES!

B: EMPLEADO/A

Trabajas en la Agencia Marisol y ofreces los viajes a Ibiza del anuncio durante todo el año. Un cliente va a venir a preguntar por los viajes. Pero antes tienes que decidir:

¿Qué días de la semana hay vuelos desde la ciudad donde estáis? _____

¿Hay fechas en que está todo completo? _____

¿Cuánto cuestan? _____

¿Cuánto cuesta cada tipo de hotel por persona y noche? _____

¿Hay ofertas para niños, grupos, etc.? _____

In Übungen wie dieser entscheidest du, was du sagst und wie du es sagst, aber zugleich musst du auch berücksichtigen, was dein/e Gesprächspartner/in sagt. Glaubst du nicht auch, dass dies eine gute Möglichkeit ist, Gespräche zu trainieren, wie sie „im richtigen Leben" in der Fremdsprache ablaufen?

Autoevaluación

En general:

	☀️	🌤️	⛅	☁️
Mi participación en clase				
Mi trabajo en casa				
Mis progresos en español				
Mis dificultades				

Y en particular:

	😀	🙂	😐	😕	😟
Gramática					
Vocabulario					
Fonética y pronunciación					
Lectura					
Audición					
Escritura					
Cultura					

Diario personal

Las lecciones de GENTE QUE VIAJA contienen mucha información sobre aspectos culturales. Me ha interesado especialmente saber que _____, y también me han gustado los textos sobre _____.
Con respecto a estas cosas, yo pienso que _____. Creo que _____.
Me ha parecido muy útil aprender a _____ necesito trabajar un poco más sobre _____

YA, TODAVÍA/AÚN

• Um auszudrücken, dass sich eine bekannte Situation nicht verändert hat, verwendet man **todavía** oder **aún**:

- ¿**Todavía/aún** está cerrado? – Ist noch geschlossen?
- Sí, **todavía/aún no** han abierto. – Ja, sie haben noch nicht aufgemacht.

Todavía und **aún** können an zwei Stellen im Satz stehen:

Todavía no/aún no ha llegado el tren.   VOR DEM VERB
El tren no ha llegado todavía/aún.   NO VOR DEM VERB, TODAVÍA/AÚN DAHINTER

• Um auszudrücken, dass sich eine bekannte Situation verändert hat, verwendet man **ya**:

- ¿**Ya** ha salido de casa? – Ist er schon aus dem Haus gegangen?
- Sí, **ya** no está. – Ja, er ist nicht mehr da.

Ya kann auch an zwei Stellen im Satz stehen:

El tren ha llegado **ya**.   HINTER DEM VERB
Ya ha llegado el tren.   VOR DEM VERB

TAGE UND DATUM

VERGANGENHEIT	ZUKUNFT
ayer	mañana
anteayer	pasado mañana
el domingo = **el** domingo **pasado**	**el** domingo = **el próximo** domingo = **el** domingo que viene
el pasado 17 de julio	**el próximo** 17 de julio

Hoy es lunes dos **de** septiembre **de** 1999.
Mañana es tres **de** septiembre.

Wenn man jedoch von einem Datum spricht, an dem etwas geschieht oder geschehen wird, verwendet man den Artikel:

- ¿Cuándo/ Qué día { es tu cumpleaños?
                    se casa Sara?
- El dos **de** marzo.

Nos vamos de vacaciones **el** 24 de agosto.
Sara se casa **el** sábado 24 de mayo.

ZEITRÄUME

VERGANGENE	ZUKÜNFTIGE
la semana pasada	la semana que viene
el mes pasado	el mes que viene
el verano pasado	el próximo verano
el año pasado	el año que viene

TAGESZEITEN

por la mañana	de día	esta mañana
al mediodía	de noche	esta tarde
por la tarde		esta noche
por la noche		anoche
		anteanoche

WIE MAN SICH AUF DIE UHRZEIT BEZIEHT

- Um die aktuelle Uhrzeit zu nennen, benutzt man **las** (außer **la** una):

  • ¿Qué hora es?
  ○ (Son) **Las** cinco.
    (Es) **La** una.

las dos	(en punto)	de la madrugada
las cuatro	y cinco	de la mañana
las doce	y cuarto	del mediodía
las cuatro	y media	de la tarde
las diez	menos veinte	de la noche
las cinco	menos cuarto	de la mañana

- Bei offiziellen bzw. förmlichen Angaben (Verkehrsmittel etc.) verwendet man auch:

las veintidós horas	(22h)
las catorce treinta	(14.30h)
las diecinueve cuarenta y cinco	(19.45h)

- Um anzugeben, zu welchem Zeitpunkt etwas geschieht, verwendet man die Präposition **a** + **las** (**la**):

  • ¿**A qué hora** sale el barco?
  ○ **A las** diez.

  • ¿**A qué hora** abre el banco?
  ○ **A las** ocho.

- Um Arbeits- oder Öffnungszeiten anzugeben, verwendet man **de... a** oder **desde... hasta**:

  • ¿Qué horario tiene la biblioteca?
  ○ **De** nueve **a** cinco.

  • ¿Cuándo está abierta la escuela?
  ○ **Desde** las nueve **hasta** las cinco.

  • ¿Cuál es tu horario de trabajo?
  ○ **De** ocho y media **a** seis.

29 30 31 32
GRAMMATIKÜBERSICHT

WIE MAN SICH AUF ZUKÜNFTIGE HANDLUNGEN BEZIEHT

•••○ Um über die Zukunft zu sprechen, kann man ein Signalwort, das die Zukunft ausdrückt, in Verbindung mit dem *INDIKATIV PRÄSENS* verwenden. So informiert man über eine bereits beschlossene zukünftige Handlung.

Mañana	**voy** a Munich.
El mes que viene	**regreso** a Sevilla.
El 15 de julio	**vamos** al teatro.
Esta tarde	**nos reunimos** con Lourdes.

•••○ Eine andere Möglichkeit ist der Gebrauch von **ir a** + *INFINITIV* (mit oder ohne Signalwort). Diese Form drückt stärker die Absicht in Bezug auf eine zukünftige Handlung aus:

(yo)	**voy**
(tú)	**vas**
(él, ella, usted)	**va**
(nosotros/as)	**vamos**
(vosotros/as)	**vais**
(ellos, ellas, ustedes)	**van**

 } a + *INFINITIV*

(El próximo año) **vamos a hacer** un viaje por el Norte de España.
¿El Sr. López? Creo que **va a ir** a Madrid mañana.

Beachte:
IR a + *INFINITIV* kann auch den Entschluss ausdrücken, etwas zu tun:

● Ahora está en casa.
○ ¿Sí? Pues **vamos a llamarle** por teléfono.

Es gibt andere Ausdrücke mit **ir a** + *INFINITIV* die weder Zukunft noch Absicht ausdrücken, sondern in denen **ir** seine Grundbedeutung der Bewegung (gehen, fahren) beibehält:

● Andrés está en el hotel.
○ Pues vamos a verlo. (Vamos al hotel.)

● ¿A dónde vas?
○ A hacer footing.

•••○ Ferner kann man Zukünftiges mit dem Futur (mit oder ohne Signalwort) ausdrücken. Die regelmäßigen Formen des Futur lauten im Indikativ:

INFINITIV + Endungen

(yo)		é
(tú)	viaj**ar**	ás
(él, ella, usted)	com**er**	á
(nosotros/as)	dorm**ir**	emos
(vosotros/as)		éis
(ellos, ellas, ustedes)		án

PRÄSENS	Mañana **escribo** la carta.
PRÄSENS VON **IR** + **A** + *INFINITIV*	**Voy a escribir** la carta.
FUTUR DES INDIKATIV	**Escribiré** la carta.

ESTAR A PUNTO DE, ACABAR DE

Um den Moment, in dem etwas geschieht oder geschehen ist, genauer anzugeben, kann man die Umschreibungen **estar a punto de** + *INFINITIV* (für etwas unmittelbar Bevorstehendes) und **acabar de** + *INFINITIV* (für etwas unmittelbar Vergangenes) verwenden.

El concierto **está a punto de** empezar.
Das Konzert ist im Begriff anzufangen / fängt jeden Moment an.

El concierto **acaba de** empezar.
Das Konzert hat gerade eben angefangen.

Va a tocar.

Todavía no ha tocado.

RÄUMLICHE BEZIEHUNGEN

HERKUNFT + ZIEL	de... a...	**De** Madrid **a** Vic vamos en moto.
	desde... hasta...	**Desde** Madrid **hasta** Vic vamos en moto.
RICHTUNG	hacia...	Va **hacia** Santiago.
BEGRENZUNG	hasta...	Voy **hasta** La Coruña en coche.
ENTFERNUNG	estar a... de...	Madrid **está a** 450 km **de** Granada.
	estar cerca/lejos de...	¿**Está lejos** Aranjuez?
		Mi pueblo **está muy cerca de** aquí.
STRECKE	pasar por...	¿**Pasas por** Sevilla para ir a Granada?
GESCHWINDIGKEIT	a... kilómetros por hora	Va **a** 100 **kilómetros por hora.** (100km/h)

Está a punto de tocar.

Acaba de tocar.

Ya ha tocado.

WIE MAN UM INFORMATIONEN BITTET UND ETWAS RESERVIERT

Quisiera saber qué vuelos hay Madrid-Granada.
a qué hora sale el tren de Burgos.
cómo puedo ir a Astorga.
cuánto cuesta la habitación doble.

si tienen habitaciones libres a partir del 3.
si hay autobuses para Madrid.

el teléfono de Juan García Severo.
su número de fax.

Quisiera reservar una habitación para la noche del 12.
una mesa para tres personas.
tres billetes Madrid-Amsterdam para el jueves 2.

33 34 35 36

gente de ciudad

Hier findest du

folgende Übungen

1. HV Beschreibung einer Stadt
2. Positive und negative Aspekte: **muy, bastante, demasiado...**
3. HV Dein Wohnort: ein Interview
4. Vergleich von zwei Hotels: **más... que, tanto... como, el más...**
5. Das Leben im 17. Jh. und heute: Vergleiche
6. HV Die bevölkerungsreichsten Länder: Einwohnerzahl
7. Dinge, die du gerne machen würdest
8. Wortschatz: die Stadt
9. Deine Stadt: **hay/no hay**, Wortschatz
10. HV Beschreibung einer Stadt
11. Die Region, in der du wohnst: interessante Orte
12. Veränderungen in einer Stadt
13. Ortsangaben machen: **donde, en el que...**
14. Lesetext über Bogotá
15. Lo más..., lo mejor, lo peor...
16. Urlaub in San Sebastián
17. Ein Reiseprospekt deiner Region
18. Spanien mit dem eigenen Land vergleichen
19. Städte beschreiben
20. HV Die Aussprache der Vokale

AGENDA

GRAMMATIK-ÜBERSICHT

gente de ciudad

1 Hör dir diese Beschreibung der Stadt Salamanca an. Kannst du danach versuchen, die fehlenden Begriffe im Text zu ergänzen?

SALAMANCA (ESPAÑA)

Con sus 186.323 _____, SALAMANCA es una ciudad española de _____. Está _____ _____ a unos 200 Km al Oeste de Madrid y _____ al Este de la frontera portuguesa.

El Puente Romano, las dos _____ la _____, la Universidad y cantidad de _____, conventos, _____ y edificaciones antiguas hacen de Salamanca uno de los conjuntos monumentales de _____ y belleza de España.

La _____ ha aumentado en los últimos años: existen industrias de _____, textiles, mecánicas y metalúrgicas. Pero la importancia de Salamanca reside principalmente en su carácter de _____. La Universidad de Salamanca es una de las universidades más _____ de Europa junto con las de Bolonia y París y sigue siendo, _____, una de las más importantes de España. El gran número de estudiantes, tanto españoles _____ _____, le da a la ciudad su carácter especial: una _____ intensa y _____, a todas horas.

_____ es continental con _____ y veranos calurosos.

2 Erstelle eine Liste mit den wichtigsten Vor- und Nachteilen deines Wohnortes.

ASPECTOS POSITIVOS

Es un/a pueblo/ciudad muy _____

_____.

Hay _____.

Se puede _____.

ASPECTOS NEGATIVOS

En _____ hay demasiado/a/os/as _____

_____ y demasiado/a/os/as _____.

Por otra parte, no hay suficiente/s _____

_____ ni _____.

La gente es un poco _____.

gente de ciudad

3 Du hörst nun 10 Fragen über deinen Wohnort. Hör zu und mach dir Notizen für deine Antworten. Hör die Fragen danach noch einmal und versuche, mündlich zu antworten, ohne auf deine Notizen zu sehen.

1. _____.   6. _____.
2. _____.   7. _____.
3. _____.   8. _____.
4. _____.   9. _____.
5. _____.   10. _____.

4 Formuliere 10 Sätze, in denen du diese beiden Hotels miteinander vergleichst. Du kannst dazu **más... que**, **tanto/a/os/as... como**, **el más...** oder andere Ausdrücke des Vergleichs verwenden.

HOTEL BENIDORM

- 54 habitaciones dobles
- 8.600 ptas./noche
- 3 piscinas
- discoteca
- jacuzzi y fitness
- aire acondicionado en todas las habitaciones
- a 20 km. de Alicante
- parking para 30 coches
- a 200 m. de la playa
- parque infantil

HOTEL MIRASOL

- 106 habitaciones dobles.
- 14.200 ptas./noche
- 2 piscinas
- bar musical
- 3 restaurantes y terraza en la playa
- aire acondicionado en todas las habitaciones
- a 26 km. de Alicante
- parking para 50 coches
- a 500 m. de la playa
- hidroterapia

5 Wie war das Leben im 17. Jahrhundert im Vergleich zu heute? Stelle Vergleiche wie im Beispiel an. Du kannst dazu **más/menos, no tanto/a/os/as** verwenden.

Ahora la gente vive más años.   Ahora _____.
Ahora _____.   Ahora _____.
Ahora _____.   Ahora _____.
Ahora _____.   Ahora _____.
Ahora _____.   Ahora _____.

33 34 35 36
gente de ciudad

6 Dies sind die bevölkerungsreichsten Länder der Erde. Notiere sie in einer Rangfolge, beginnend mit dem Land, das deines Erachtens die meisten Einwohner hat.

| México | Brasil | China | Indonesia | Rusia | Estados Unidos |
| India | Alemania | Pakistán | Nigeria | Bangladesh | Japón |

1. _____ 5. _____ 9. _____

2. _____ 6. _____ 10. _____

3. _____ 7. _____ 11. _____

4. _____ 8. _____ 12. _____

Du hörst nun die tatsächlichen Einwohnerzahlen und kannst überprüfen, ob deine Vermutungen richtig waren.

Schreibe nun die Angaben in Zahlen auf.

HABITANTES	EN CIFRAS
mil ciento noventa millones	1.190.000.000
novecientos trece millones	_____
doscientos sesenta millones	_____
ciento noventa millones	_____
ciento cincuenta y nueve millones	_____
ciento cuarenta y ocho millones	_____
ciento veintiséis millones	_____
ciento veinticuatro millones	_____
ciento diecisiete millones	_____
ciento siete millones	_____
noventa y dos millones	_____
ochenta y un millones	_____

gente de ciudad

7 Kreuze an, was du hiervon gerne machen bzw. sein würdest, und erkläre warum.

A mí me gustaría tener mucho dinero para viajar por todo el mundo.

ir a Marte	
cambiar de sexo unos días	
viajar al pasado	
ser invisible	
conocer a un extraterrestre	
adivinar el futuro	
ser rey por un día	
pesar 10 kilos menos	
cambiar de trabajo	
cenar con Brad Pitt	
tener mucho dinero	
vivir en una isla desierta	
salir en la tele	

8 Kannst du den Stadtplan mit folgenden Begriffen beschriften?

parque   río   fábrica   línea de autobús   centro (de la ciudad)
centro comercial   puente   estadio   ayuntamiento   catedral

146
Ciento cuarenta y seis

gente de ciudad

9 Denk an deine Stadt (oder an eine andere, die du gut kennst). Gibt es dort diese Dinge? Schreibe einige Sätze wie in dem Beispiel.

> Hay muchos parques.
> No hay mucha vida nocturna.
> No hay museos.

vida nocturna
turistas
personas de origen español
latinoamericanos
industria pesquera
instalaciones deportivas
delincuencia
fábricas
problemas sociales
zonas verdes
colegios
guarderías
tráfico
atascos
hospitales
monumentos
vida cultural
instalaciones deportivas
contaminación
playas
centros comerciales
edificios antiguos
consumo de drogas
museos
iglesias
mezquitas
cines
rascacielos
parados
viviendas desocupadas

10 Du hörst nun eine Person, die über ihre Stadt spricht. Aber du kannst das Ende der Sätze nicht hören. Denk es dir aus und schreib es auf.

1. _____
2. _____
3. _____
4. _____
5. _____
6. _____
7. _____
8. _____
9. _____
10. _____
11. _____
12. _____

Ciento cuarenta y siete

gente de ciudad

11 Ein spanischsprachiger Freund hat dir diesen Brief geschickt. Kannst du ihm einen Antwortbrief schreiben?

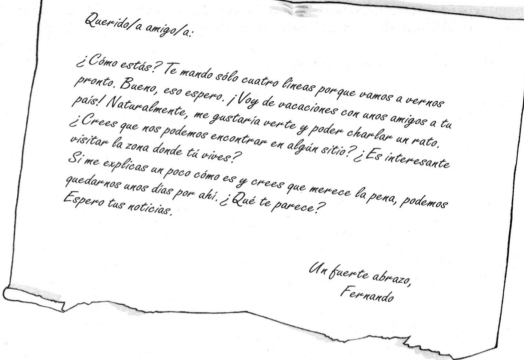

Querido/a amigo/a:

¿Cómo estás? Te mando sólo cuatro líneas porque vamos a vernos pronto. Bueno, eso espero. ¡Voy de vacaciones con unos amigos a tu país! Naturalmente, me gustaría verte y poder charlar un rato. ¿Crees que nos podemos encontrar en algún sitio? ¿Es interesante visitar la zona donde tú vives? Si me explicas un poco cómo es y crees que merece la pena, podemos quedarnos unos días por ahí. ¿Qué te parece? Espero tus noticias.

Un fuerte abrazo,
Fernando

12 In den letzten beiden Jahren hat sich in Villarreal vieles verändert. Kannst du in den beiden Plänen die 12 Unterschiede finden?

148
Ciento cuarenta y ocho

gente de ciudad

13 Kannst du diese Örtlichkeiten umschreiben und dabei **en el que** oder **donde** verwenden? Das ist eine gute Möglichkeit, um sich auf etwas zu beziehen, wenn man das richtige Wort nicht kennt.

puerto ⟶ un lugar en el que hay barcos

playa	centro de la ciudad	zona industrial	zona universitaria	museo
discoteca	parque	hotel	iglesia	cine
capital	guardería	hospital	ayuntamiento	
piscina	zona peatonal	gimnasio	centro comercial	

14 Dieser Text stammt aus dem Internet und gibt Informationen über Bogotá. Stell dir vor, du willst nach Kolumbien reisen, aber nur kurze Zeit in der Hauptstadt bleiben. Gib fünf Dinge an, die dich am meisten interessieren.

Fundada en 1538 es desde 1819 la capital de la República de Colombia. Está ubicada en una amplia meseta a 2.640 m sobre el nivel del mar. Su temperatura media es de unos 18 grados a lo largo de todo el año. Su población actual se estima en unos 6,5 millones de habitantes. Bogotá es la sede del gobierno central. Además es el centro económico y cultural del país.

Bogotá, es hoy una ciudad en permanente proceso de modernización, que combina aspectos de la ciudad colonial (en el barrio de La Candelaria) con la modernidad de una gran urbe (en la zona norte de la ciudad). Como toda ciudad de un país en desarrollo, Bogotá está llena de contrastes en cuanto a las condiciones de vida de sus habitantes, los estilos arquitectónicos, medios de transporte, etc.

El visitante no debe dejar de ver el Museo del Oro con la extraordinaria orfebrería de las diferentes culturas precolombinas. Debe conocer también las iglesias coloniales en el tradicional barrio de La Candelaria. También podrá apreciar las nuevas tendencias en el campo de las artes plásticas en el Museo de Arte Moderno o en alguna de las muchas galerías. Si le interesan los anticuarios, podrá visitar la calle 79 donde se encuentra un buen número de ellos o recorrer el mercado de las pulgas que se organiza todos los domingos.

No obstante su intensa vida cultural, Bogotá es una ciudad para hacer negocios. Colombia y particularmente Bogotá, gozan de un extraordinario comercio, desarrollado últimamente en varios centros comerciales. Entre ellos, vale destacar el Centro Andino, Unicentro, Granahorra y la Hacienda Santa Bárbara.

Bogotá, tiene además fama como ciudad de buenos restaurantes. En efecto, el turista podrá encontrar muchos restaurantes de comida típica, internacional, en particular francesa o italiana, e inclusive rusa o japonesa. Podrá ir también a alguna de las obras de teatro, asistir a un concierto o escuchar jazz en vivo en alguno de los múltiples bares de la Zona Rosa. Si desea un plan más animado, podrá ir a bailar en una de las discotecas de La Calera, desde donde podrá apreciar las luces de la ciudad.

gente de ciudad

15 Was ist für dich... ? Du kannst ein Wörterbuch zu Hilfe nehmen.

Lo más importante en la amistad: _____

Lo más difícil en una pareja: _____

Lo más urgente en tu ciudad: _____

Lo más grave en el mundo: _____

Lo mejor de la vida: _____

Lo peor de tu trabajo: _____

Lo que funciona peor en tu país: _____

Lo más interesante de tu región: _____

Lo mejor para estar en forma: _____

Lo más extraño de tu país: _____

16 Würdest du gern nach San Sebastián fahren? Findest du in dem Prospekt fünf Gründe, warum es sich lohnt, dort einige Tage zu verbringen?

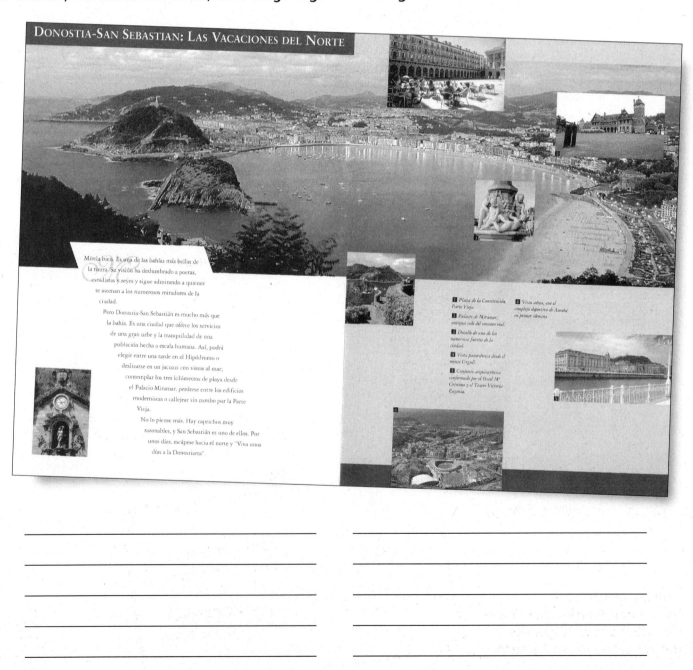

gente de ciudad

17 Du sollst einen Reiseprospekt für deine Region entwickeln. Du kannst es gemeinsam mit einem oder mehreren anderen Kursteilnehmer/innen tun.

- Busca información sobre los lugares más interesantes.
- Escribe una breve descripción general (ubicación, clima, características geográficas y económicas generales).
- Si te apetece, busca fotos o imágenes para completar tu trabajo y enseñarlo a otros compañeros.
- Inventa un eslogan.

18 Du weißt nun schon viel über Spanien. Vergleiche es mit deinem Land im Bezug auf diese Aspekte:

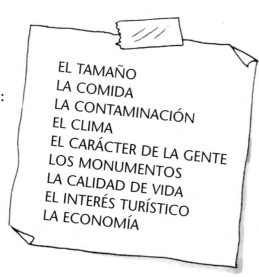

EL TAMAÑO
LA COMIDA
LA CONTAMINACIÓN
EL CLIMA
EL CARÁCTER DE LA GENTE
LOS MONUMENTOS
LA CALIDAD DE VIDA
EL INTERÉS TURÍSTICO
LA ECONOMÍA

> España es más grande pero tiene menos habitantes.

19 Erinnerst du dich an den Text aus Lektion 36? Du kannst dir aus ihm Anregungen holen, um hier nun eine Stadt zu schildern, die du gut kennst.

20 Hör zu und achte darauf, wie der Sprecher die Vokale in diesen Sätzen ausspricht. Fällt dir etwas auf?

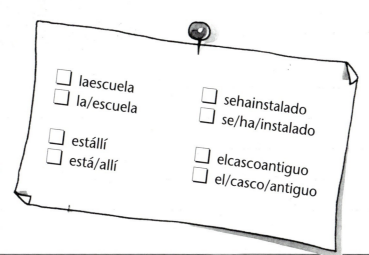

- ☐ laescuela
- ☐ la/escuela
- ☐ estállí
- ☐ está/allí
- ☐ sehainstalado
- ☐ se/ha/instalado
- ☐ elcascoantiguo
- ☐ el/casco/antiguo

Hast du bemerkt?
Im Spanischen werden die Vokale zweier aufeinander folgender Wörter miteinander verbunden.

Lernstrategien

1 Lies diesen Text von Gracia Montes. Bist du auch ihrer Meinung?

LA OPINIÓN DE LOS FAMOSOS

¿VIVIR EN EL CAMPO O VIVIR EN LA CIUDAD?

Aunque para algunas personas vivir en el campo puede resultar atractivo, por ser más sano, creo que la vida en la ciudad ofrece muchas más ventajas: espectáculos y vida cultural, comercios y servicios de todo tipo. Las desventajas del campo son evidentes: los insectos, la falta de intimidad que suele haber en los pueblos, etc. Una solución intermedia, sin embargo, puede ser la ideal: alternar la vida en el campo y la ciudad. Pero esto no todo el mundo puede hacerlo, por razones tanto económicas (sale mucho más caro) como profesionales (uno se ve obligado a permanecer en la ciudad, o en el campo).

GRACIA MONTES,
Actriz de cine. Vive en un pueblecito de Segovia, a 115 Km de Madrid.

2 Hör zu, wie Gracia Montes mit einigen Freunden spricht. Sie äußern Ansichten zum selben Thema, aber tun sie es auch in derselben Form?

Das Gespräch ist die häufigste Form der Kommunikation zwischen Menschen. Wie du gesehen hast, enthält es ganz andere Merkmale als ein geschriebener Text. Achte auf folgende Elemente, die die Gesprächspartner verwenden.

Um ihre Meinung zu äußern, unterstützen die Sprecher sich gegenseitig,
- indem sie den Satz eines anderen zu Ende führen,
- indem sie Worte wiederholen, die der andere benutzt hat,
- indem sie sich vergewissern, ob sie die anderen richtig verstanden haben.

Um zu sagen, was man will, ist die Intonation genauso wichtig wie die Grammatik oder der Wortschatz.

Die gesprochenen Sätze haben einige Besonderheiten: sie sind nicht fehlerhaft, sondern dienen einem besonderen Ausdrucksvermögen:
- sie sind kürzer,
- sie enthalten Wiederholungen und Zögern,
- sie sind unvollständig.

> In einem Gespräch ist es wichtig, mit den anderen Gesprächspartnern zusammenzuwirken und zwar auf der Ebene des Sprechens ebenso wie auf der non-verbalen Ebene (manchmal nur mit einem Wort oder einer Geste). Um sich erfolgreich und flüssig zu unterhalten, ist es besser, auf eine gute Verständigung zu achten als nur auf Grammatikfehler.

Autoevaluación

En general:

	☀️	⛅	🌥️	☁️
Mi participación en clase				
Mi trabajo en casa				
Mis progresos en español				
Mis dificultades				

Y en particular:

	😀	🙂	😐	😕	😟
Gramática					
Vocabulario					
Fonética y pronunciación					
Lectura					
Audición					
Escritura					
Cultura					

Diario personal

En las lecciones de GENTE DE CIUDAD he aprendido (muchas / bastantes / algunas cosas) sobre las ciudades en que se habla español. (Son / no son) muy diferentes a las de mi país. En la clase hemos trabajado en grupos y _____.

El problema es a veces _____. Uno de los objetivos de estas lecciones es aprender a debatir y en mi grupo hemos discutido en español (mucho / poco / no suficientemente). (Todos / no todos) han participado mucho.

GRAMMATIKÜBERSICHT

RELATIVSÄTZE

- Relativsätze stehen ohne Präposition, wenn **que** ein Subjekt oder Objekt ersetzt:

    Es una persona **que** tiene mucha paciencia.
    (Esa persona tiene mucha paciencia.)
    Es un plato **que** comemos mucho en España.
    (Comemos mucho ese plato en España.)

- Relativsätze stehen mit Präposition, wenn **que** einen anderen Satzteil, der mit Präposition steht, ersetzt:

    Es un lugar   **en el que**
    Es un lugar/una ciudad **donde**   } se vive muy bien.
    Es una ciudad   **en la que**
    (**En** ese lugar, **en** esa ciudad se vive muy bien.)

    Es un lugar   **al que**
    Es un lugar/una ciudad **adonde**   } viajo bastante.
    Es una ciudad   **a la que**
    (**A** ese lugar, **a** esa ciudad viajo bastante.)

    Es un lugar   **por el que**
    Es un lugar/una ciudad **por donde** } paso cada día.
    Es una ciudad   **por la que**
    (**Por** ese lugar, **por** esa ciudad paso cada día.)

Esa persona tiene mucha paciencia.

VERGLEICHE

Madrid: 3.084.673 habitantes
Barcelona: 1.681.132 habitantes

Madrid tiene **más** habitantes **que** Barcelona. – Madrid hat mehr Einwohner als Barcelona.
Madrid es **más** grande **que** Barcelona. – Madrid ist größer als Barcelona.

Barcelona tiene **menos** habitantes **que** Madrid. – Barcelona hat weniger Einwohner als Madrid.
Barcelona es **más** pequeña **que** Madrid. – Barcelona ist kleiner als Madrid.

- Es gibt einige Sonderformen:

    ~~más bueno/a~~ ⟶ **mejor** – besser
    ~~más malo/a~~ ⟶ **peor** – schlechter, schlimmer

    ~~más grande~~ ⟶ **mayor** – älter   *IN BEZUG AUF DAS ALTER*
    ~~más pequeño/a~~ ⟶ **menor** – jünger

    Im Bezug auf die Größe kann man beide Formen verwenden:
    mayor oder **más grande** bzw. **menor** oder **más pequeño**.

- Superlative:

    Madrid es **la** ciudad **más** grande de España.

GLEICHHEIT UND VERSCHIEDENHEIT

- In Verbindung mit Substantiven: **tanto/a/os/as... como**.

   Villarriba { (**no**) tiene **tanto** turismo **como**
   (**no**) tiene **tanta** contaminación **como**   Villabajo.
   (**no**) tiene **tantos** bares **como**
   (**no**) tiene **tantas** zonas verdes **como** }

- In Verbindung mit Verben steht unveränderlich: **tanto... como**.

   María (**no**) duerme **tanto como** Laura.

- In Verbindung mit Adjektiven steht unveränderlich: **tan... como**. Man kann Gleichheit aber auch mit **mismo/a/os/as** ausdrücken.

   Villarriba (**no**) es **tan** grande **como** Villabajo.

   Los dos pisos tienen **el mismo** tamaño.
   Ana y Héctor tienen **la misma** edad.
   Las dos empresas tienen **los mismos** problemas.
   Los dos hermanos tienen **las mismas** ideas.

DAS KLIMA

Tiene un clima { muy duro / suave / agradable.
mediterráneo / continental / tropical / templado. }

En { verano   (no) llueve / llueve mucho.
invierno (no) nieva.
primavera (no) hace frío / calor.
otoño.   hay niebla / tormentas/... }

ME GUSTARÍA/ME GUSTA

- Um Vorlieben auszudrücken, verwendet man **gustar** im Präsens:

   Me gusta mucho este barrio. – Mir gefällt dieses Viertel sehr.

- Um Wünsche auszudrücken, verwendet man meistens **gustaría**:

   Me gustaría vivir en este barrio. – Ich würde gern in diesem Viertel wohnen.
   Me gustaría comprar un piso. – Ich würde gern eine Wohnung kaufen.

33 34 35 36 GRAMMATIKÜBERSICHT

WIE MAN EINE MEINUNG ÄUSSERT UND WIDERSPRICHT

• Um eine Meinung zu äußern, gibt es verschiedene Möglichkeiten:

Para mí,
Yo pienso que } + MEINUNG
A mí me parece que } se necesita una guardería nueva.
Yo creo que

	PENSAR
(yo)	pienso
(tú)	piensas
(él, ella, usted)	piensa
(nosotros/as)	pensamos
(vosotros/as)	pensáis
(ellos, ellas, ustedes)	piensan

• Als Reaktion auf die Meinung anderer können wir Zustimmung oder Widerspruch äußern und eine Begründung hinzufügen:

Yo (no) estoy de acuerdo con lo que ha dicho Juan.
　　　　　　　　　　　　　　　　contigo.
　　　　　　　　　　　　　　　　con eso.

Sí, tienes razón.

Sí, claro,... – Ja, klar, ...
Eso es verdad, pero ... – Das stimmt, aber ... } + MEINUNG
Bueno,... – Nun gut, ...

Wenn wir uns auf etwas beziehen, was gerade zuvor von anderen gesagt wurde, verwenden wir **eso**.

Eso { no es verdad. – Das ist nicht wahr.
　　　es una tontería. – Das ist Unsinn.
　　　está bien. – Das ist in Ordnung.

• Eine Rangfolge aufstellen:

Lo más { grave / urgente / importante / necesario }　　　　INFINITIV
　　　　　　　　　　　　　　　　　　es　solucionar el problema de la guardería.
　　　　　　　　　　　　　　　　　　SUBSTANTIVE
　　　　　　　　　　　　　　　　　　es　la guardería nueva.
　　　　　　　　　　　　　　　　　　son　las guarderías nuevas.

Es { importantísimo / fundamental / urgente / necesario } construir una guardería nueva.

Ciento cincuenta y seis

37-38-39-40 gente en casa

Hier findest du

folgende Übungen

1 Wortschatz: Möbel

2 Wortschatz: Möbel und Gegenstände im Haus

3 Wie man jemanden vorstellt

4 **HV** Komplimente und wie man darauf reagiert

5 Teile der Wohnung, Vergleiche

6 Wortschatz: Teile der Wohnung

7 Wohnungsanzeigen, Abkürzungen

8 Eine geeignete Wohnung für jemanden suchen

9 **HV** Anschriften

10 Nach der Anschrift fragen

11 Deine Wohnung

12 Deine ideale Wohnung

13 **Estar** + Gerundium

14 **HV** Höflichkeitsfloskeln bei einem Besuch

15 Sich am Telefon melden und Aufträge erteilen

16 **HV** Aufträge am Telefon verstehen

17 **HV** Auf telefonische Nachrichten reagieren

18 **HV** Tú/usted

19 **HV** Anweisungen bestätigen, Gehörtes wiederholen

20-21 Imperativ mit **tú, usted, vosotros, ustedes**

22 Anweisungen mit Imperativ und **tener que**

23 Wegbeschreibung

24 **HV** Wortgrenzen erkennen

25 **HV** Aussprache: /b/ und /v/ am Anfang und zwischen Vokalen

AGENDA

GRAMMATIK-ÜBERSICHT

gente en casa

1 Kannst du diese Wörtersammlung mit geeigneten Begriffen ergänzen?

- mesa
- cama
- para dormir
- para comer
- para guardar cosas
- muebles
- para sentarse
- para el aseo
- para escribir

2 Familie Velasco Flores aus dem Lehrbuch (S. 101), möchte dir ihr Haus einschließlich der Möbel verkaufen. Aber du willst nicht alle Möbel haben. Notiere hier deine Auswahl.

¿QUÉ MUEBLES LES COMPRAS?

el armario
_____
_____
_____
_____

¿CUÁLES NO QUIERES?
_____
_____
_____
_____

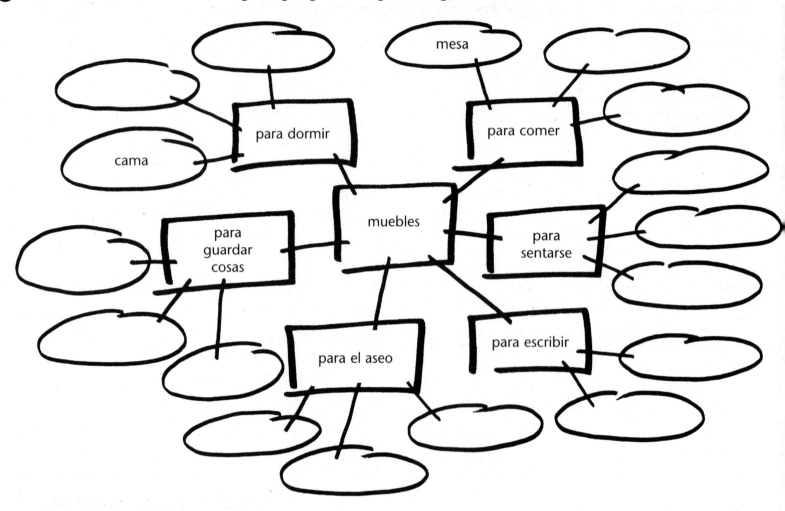

158
Ciento cincuenta y ocho

gente en casa

Wenn du nun in das Haus der Familie Velasco ziehst, welche Möbel brauchst du noch bzw. musst du neu kaufen? Du kannst ein Wörterbuch zu Hilfe nehmen.

> Una estantería más grande para el estudio.
> _____
> _____
> _____
> _____
> _____
> _____

3 Stell dir vor, du musst sechs Personen vorstellen. Entscheide selbst, welche Beziehung du zu ihnen hast, und formuliere Sätze wie in diesem Beispiel.

> Ésta es Beatriz, una amiga argentina. Está pasando unos días con nosotros.

| Ésta / Éste / Éstos / Éstas | es / son |

Beatriz	sobrino/a/os/as	Está/n pasando unos días con nosotros.
Charo	primo/a/os/as	Trabajamos juntos.
César	vecino/a/os/as	Vive/n aquí al lado.
Gloria	amigo/a/os/as	Vive/n con nosotros.
Emilio y José	compañero/a/os/as	Está/n de viaje y ha/n venido a vernos.
Ana y María	amigo/a/os/as de Madrid	Está/n aquí de vacaciones.
los señores Barrios	amigo/a/os/as argentino/a/os/as	

gente en casa

4 Einige Freunde sind bei dir zu Besuch. Hör zu, was sie sagen, und suche die passende Antwort aus, indem du die Sätze nummerierst.

- ☐ ¿Te gustan? El sofá lo hemos comprado hace poco.
- ☐ Sí, da el sol casi todo el día.
- ☐ No hacía falta, hombre.
- ☐ ¿Ya queréis iros? Si sólo son las doce menos cuarto...
- [1] Sí, no hay muchos coches.
- ☐ ¿Te gusta? Es un poco pequeña pero...

5 Sieh dir die Grundrisse dieser beiden Wohnungen an und lies die Sätze. Markiere die zutreffenden und korrigiere diejenigen, die nicht zutreffen.

El de la calle Cervantes tiene un baño y un aseo.   *No, no es verdad. Tiene sólo un baño.*

El de la calle Cervantes es más grande. _____

El de la avenida América sólo tiene dos dormitorios. _____

El baño del de la avenida América es más pequeño. _____

El de la calle Cervantes tiene dos dormitorios de matrimonio. _____

El salón del de la avenida América da a la terraza. _____

El de la calle Cervantes tiene un pequeño balcón al lado de la cocina. _____

El salón del de la calle Cervantes es más grande que el del otro piso. _____

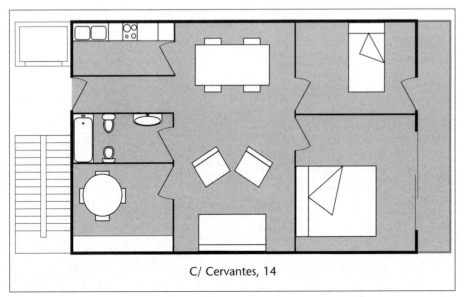

C/ Cervantes, 14

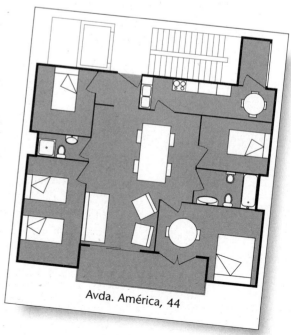

Avda. América, 44

gente en casa

6 Erinnerst du dich, wie die Räume heißen? Schreibe die Wörter zusammen mit dem bestimmten Artikel an die richtige Stelle.

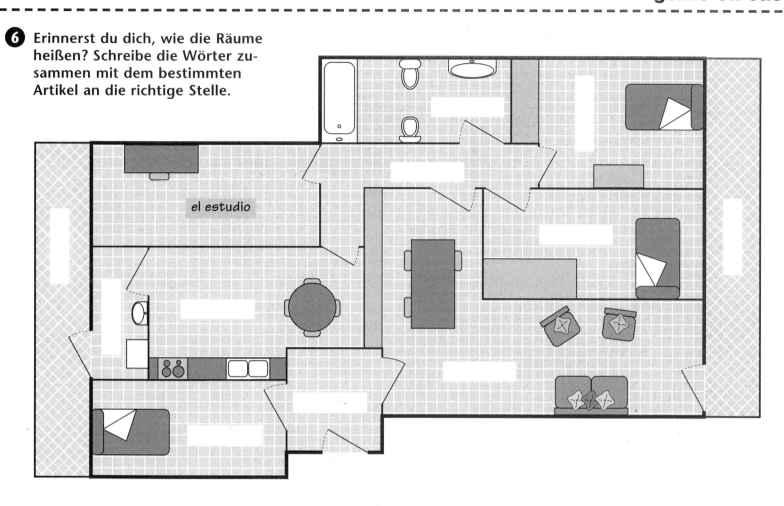

el estudio

7 In Zeitungsanzeigen werden viele Wörter abgekürzt. Aber wenn du die Anzeigen miteinander vergleichst und an die Wörter denkst, die du gelernt hast, kannst du das meiste verstehen. Suche dir vier der folgenden Anzeigen aus und schreibe die vollständigen Texte.

1. Está en un barrio tranquilo y tiene tres habitaciones dobles...

1. Barrio tranq. 3 h. dobles. Bñ. comp. y dos aseos. Amplio salón con chimenea. Gran terraza. Alto. Muy luminoso.

2. 160 m², 4 hab. salón com., coc. nueva, bñ. y aseo. Finca semi nueva. Asc. Park.

3. 3 hab. amplio salón com. 2 balcones. Perf. estado. Terr. Listo vivir. 95 m² 24 mill. tercer piso sin asc.

4. 2 hab. Muy lum. Zona tranquila y sol. Finca antigua restaurada. Zona centr. 36 mill.

5. 3 h. Aseo y baño. Arm. empotrados. Soleado. Ascensor. Zona tranq. Jard. 18 mill.

6. 3 hab. dobles, traza. ext. muy sol. Vistas. Calef. Asc. Parking. Finc. moderna. Piscina.

7. 1 hab. aseo balc. Muy bien. únic. Junto Ayunt.

Ciento sesenta y uno

gente en casa

8 Stell dir nun vor, du bist Immobilienmakler/in und sollst die Wohnungen der vorigen Übung vermitteln. Hast du etwas Passendes für diese Interessenten?

> Vivo solo y busco un piso muy soleado en una zona con árboles. ¿Tienen alguno no muy caro?

Piso número ☐

> Nosotros somos seis: nosotros dos, tres niños y la abuela. Y, claro, necesitamos un piso grande con varios cuartos de baño.

Piso número ☐

> Somos una pareja con un niño pequeño. Estamos buscando un piso no muy grande pero con mucha luz. Y no queremos gastar mucho.

Piso número ☐

> Necesitamos un buen piso; como mínimo, con dos habitaciones dobles. Tiene que tener calefacción y, sobre todo, ascensor. Yo tengo un problema en una pierna y no puedo subir escaleras.

Piso número ☐

9 Einige Personen geben dir ihre Adresse. Hör zu und mach dir Notizen, denn danach sollst du die Anschriften auf die Aufkleber schreiben.

ARTURO COROMINA VALDÉS
Avenida de los Plátanos, 187 entresuelo 1ª
44566 Aguaviva - Teruel

gente en casa

10 Diese Anschriften sind unvollständig. Welche Fragen musst du stellen, um sie zu vervollständigen?

SANDRA GARCÍA ....
Calle Fernando VII, nº.....
.... MADRID

¿Cómo te llamas de segundo apellido?
¿En qué número vives? / ¿En qué piso vives?
¿Cuál es el código postal?

Susana Roche Gracia
Calle Pino, ...
.... SEVILLA

Benito Villa Salcedo
......................., 23, 2º A
.... BILBAO

Isabel MONTE ....
Avda de la Constitución, 31, ...
.... VALENCIA

C. MARCOS FUENTES
Plaza ...., 31........
....

11 Stell dir vor, du willst deine Wohnung verkaufen. Schreibe eine Anzeige (aber ohne Abkürzungen). Wenn du willst, kannst du einen kleinen Grundriss mit der Bezeichnung der Räume hinzufügen. Dein/e Kursleiter/in sammelt die Texte ein.

Piso de dos dormitorios. 60 metros cuadrados. Salón comedor y cocina reformada. Casa antigua. Pequeño balcón. Barrio tranquilo. Vistas.

12 Stell dir nun vor, du willst umziehen. Erkläre den anderen, was für eine Wohnung du suchst. Sie können dir sagen, ob deine Beschreibung zu einer der Anzeigen aus der vorigen Übung passt.

Busco una casa en una zona tranquila, con mucha luz y...

13 Denk nun an fünf Personen, die du kennst (Freunde, Verwandte, etc.). Was glaubst du, tun sie gerade in dem Moment, in dem du diese Übung machst?

NOMBRE	RELACIÓN CONTIGO	QUÉ ESTÁ HACIENDO
David	mi marido	Creo que está en casa cocinando.

Ciento sesenta y tres

gente en casa

14 María geht zu ihren Nachbarn Laura und Carlos, weil sie telefonieren muss und ihr Telefon nicht funktioniert. Schreibe das Gespräch zwischen María und Laura auf (Carlos ist nicht zu Hause). Es können beispielsweise einige der folgenden Dinge geschehen.

MARIA

☐ Saluda.

☐ Cuenta su problema.

☐ Pregunta por la familia de Laura.

☐ Da las gracias y se despide.

LAURA

☐ Saluda e invita a pasar a María.

☐ Le dice dónde está el teléfono.

☐ Le ofrece algo para beber.

☐ Se despide.

15 Was sagt Fernando in den beiden folgenden Situationen? Suche unter den unten angegebenen Antwortmöglichkeiten die jeweils passende aus.

CONTEXTO A

Fernando llama a casa de su amigo Toni. Conoce a sus padres. Toni ha llamado antes a su casa y no lo ha encontrado.

1. ● Diga.
   ○ ¿Está Toni?
   ● ¿De parte de quién?
   ○ _____

2. ● Diga.
   ○ ¿Está Toni?
   ● Ahora no se puede poner. Está duchándose.
   ○ _____

3. ● Diga.
   ○ ¿Está Toni?
   ● No está. ¿Quieres dejarle algún recado?
   ○ _____

CONTEXTO B

Fernando llama a Gracia Fernández. Es una profesora chilena de español y no la conoce. Un amigo le ha dado su teléfono, y la llama para pedirle clases de conversación.

4. ● Diga.
   ○ ¿Gracia Fernández?
   ● ¿De parte de quién?
   ○ _____

5. ● Diga.
   ○ ¿Gracia Fernández?
   ● No, no está. ¿Eres Trinidad?
   ○ _____

6. ● Diga.
   ○ ¿Gracia Fernández?
   ● No, no está. ¿Quiere dejarle algún recado?
   ○ _____

○ Ella no me conoce. Me llamo Fernando Gil. Quiero hablar con ella por unas clases.
○ ¡Vaya! Soy yo, Fernando. Dentro de un rato lo llamo otra vez.
○ No. Yo me llamo Fernando Gil. ¿Cuándo puedo encontrarla en casa?
○ Sí, por favor. Ella no me conoce. Estoy interesado en recibir clases, y me han dado su número de teléfono. ¿Le dejo mi número y ella me llama?
○ Soy yo, Fernando. Él ha llamado antes a mi casa, pero no me ha encontrado.
○ No, no. Sólo que estoy en casa, si quiere llamarme otra vez.

gente en casa

16 Fünf Leute telefonieren, aber können nicht mit der gewünschten Person sprechen. Kreuze an, was bei den jeweiligen Anrufen geschieht.

1
- ☐ **A.** Ana llama a Isabel, que ha salido un momento. Ana va a llamar otra vez en unos minutos.
- ☐ **B.** Ana llama a Isabel, que ha salido un momento. Isabel tiene que llamar a Ana en diez minutos.
- ☐ **C.** Ni A ni B.

2
- ☐ **A.** Una persona de la inmobiliaria Serrano llama al Sr. González para decir que no puede asistir a una reunión.
- ☐ **B.** El Sr. González llama al Sr. Serrano para hablar sobre el tema de la próxima reunión.
- ☐ **C.** Ni A ni B.

3
- ☐ **A.** Una persona llama a casa de Juan Carlos, que en este momento no está.
- ☐ **B.** Una persona quiere hablar con Juan Carlos, pero marca otro número de teléfono.
- ☐ **C.** Ni A ni B.

4
- ☐ **A.** Una persona quiere hablar urgentemente con Néstor, que está en la ducha.
- ☐ **B.** Néstor tiene que volver a llamar porque tiene que saber algo muy importante.
- ☐ **C.** Ni A ni B.

5
- ☐ **A.** Teo está en la ducha cuando suena su teléfono y no puede contestar.
- ☐ **B.** Una persona está esperando a Teo, que no llega. Por eso lo llama por teléfono.
- ☐ **C.** Ni A ni B.

17 Du bist in diesen fünf Fällen die Person, die eine Nachricht auf dem Anrufbeantworter abhört. Was machst du anschließend?

1. Eres Catalina Crespo: Tengo que llamar a la productora.

2. Eres Paca: _____

3. Eres María: _____

4. Eres Lourdes: _____

5. Eres María: _____

18 Du hörst einige Sätze. Gib an, ob die Personen sich duzen oder siezen.

	TÚ	USTED		TÚ	USTED		TÚ	USTED		TÚ	USTED		TÚ	USTED
1.	☐	☐	2.	☐	☐	3.	☐	☐	4.	☐	☐	5.	☐	☐

gente en casa

19 Höre nun einige Anweisungen und frage nach wie im Beispiel.

> ¿Tengo que coger la línea cinco y bajar en la plaza de España?

20 Ergänze die fehlenden Formen.

TÚ	USTED
Pasa, pasa.	Pase, pase.
_____	Siéntese, por favor.
Oye, por favor...	_____
Come un poco más de tarta.	_____
_____	Siga por esta calle todo recto.
_____	Coja el teléfono, por favor.
Dame tu dirección.	_____
Calla, calla; escucha lo que dicen.	_____
_____	Váyase ahora mismo.

21 Schreibe nun die jeweiligen Pluralformen (**vosotros**/**ustedes**) der vorigen Übung auf. Vergleiche das Ergebnis mit einer anderen Person aus dem Kurs.

22 Während du in Urlaub bist, bleibt ein Freund von dir zu Hause. Schreibe ihm eine Notiz, was er in deiner Wohnung tun soll und verwende den Imperativ oder **tienes que** + Infinitiv. Hier einige Vorschläge, du kannst sie ergänzen oder andere hinzufügen.

> Por favor:
> riega las plantas del salón.
> También tienes que...

Regar las plantas del jardín / de dentro / de la terraza...

Cerrar el gas / el agua / las ventanas... al salir.

Dar de comer a los peces / al gato...

Desconectar la nevera / la luz...

Sacar el correo del buzón.

Sacar a pasear al perro.

Escuchar los mensajes del contestador.

Abrir el correo electrónico.

Comprar...

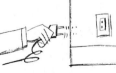

gente en casa

23 Du hast drei andere Kursteilnehmer/innen zum Essen eingeladen. Erkläre ihnen, wie sie vom Unterricht aus zu dir nach Hause kommen. Eine/r geht zu Fuß, eine/r kommt mit dem Auto und eine/r will öffentliche Verkehrsmittel benutzen.

> A pie no se puede. Es demasiado lejos...

24 Hör dir diese Dialoge an und schreibe das dritte Wort jedes Sprechers auf.

1. • tan
   ○ ven
2. • ___
   ○ ___
3. • ___
   ○ ___
4. • ___
   ○ ___
5. • ___
   ○ ___

6. • ___
   ○ ___
7. • ___
   ○ ___
8. • ___
   ○ ___
9. • ___
   ○ ___
10. • ___
    ○ ___

25 Hör zu und achte darauf, wie die Buchstaben **B** und **V** in diesen Wörtern klingen. Gleich oder verschieden?

V: lava, la vecina, avenida, novio

B: habitación, sabe, abuelo, nube

Einige Konsonanten werden unterschiedlich ausgesprochen, je nachdem in welcher Umgebung sie stehen. Klingen sie in **1** und **2** gleich? Kannst du eine Regel formulieren?

1
barrio
vino
barco
viaje

2
lava
cabo
sabe
Álava

B und V klingen _____

wenn sie _____ stehen.

Und sie klingen etwas _____

wenn sie _____ stehen.

Das gleiche geschieht mit **G** und **D**. Hör genau zu.

gato   pagar   diez   cada
guerra   agosto   dar   hablado
García   hago   diferente   poder

AGENDA

Lernstrategien

❶ Auch im Deutschen unterscheidet man zwischen der höflichen und vertrauten Anrede, wie bei **tú** / **usted**. Erstelle eine Liste mit den Namen von zehn Personen, die du duzt, und von anderen zehn, die du siezt.

Sieh dir nun die Liste mit den Personen an, die du siezt. Kannst du dir vorstellen, von wem sie geduzt werden?

Nun machst du dasselbe mit der anderen Liste: wer redet diese Leute mit „Sie" an?

Außerdem kann die Anredeform von der Situation abhängen. Ein Richter und seine Tochter duzen sich, aber wenn sie als Zeugin im Gericht auftritt, werden sich die beiden siezen.
Kannst du dir andere vergleichbare Situationen vorstellen?

❷ Du fährst nach Spanien, um dort Freunde zu besuchen. Du bist zum ersten Mal bei ihnen, aber sie waren zuvor schon bei dir zu Hause. Wen sprichst du mit **tú** und wen mit **usted** an? Warum? Achtest du auf irgendetwas, bevor du dich entscheidest?

TÚ / USTED

- ☐ ☐ A la azafata del avión.
- ☐ ☐ A una joven de 16 años que viaja con sus padres en el asiento de al lado.
- ☐ ☐ A los padres de esta joven.
- ☐ ☐ A tus amigos.
- ☐ ☐ A los padres de tus amigos.
- ☐ ☐ A la abuela de tus amigos.
- ☐ ☐ A los vecinos de tus amigos.
- ☐ ☐ Vas con tus amigos a un restaurante: a los camareros.
- ☐ ☐ Vas a un bar de gente joven que hay junto a su casa: al camarero.
- ☐ ☐ A un policía joven, de tráfico, que te pide la documentación.

> Um sich gut zu verständigen, reichen Grammatikregeln nicht aus. Es gibt auch gesellschaftliche Regeln, die für den Sprachgebrauch wichtig sind. Sie erlauben uns, uns der Situation angemessen zu verhalten und uns je nach Zeitpunkt, Ort, Gesprächspartner etc. unterschiedlich auszudrücken.

Autoevaluación

En general:

	☀️	🌤️	⛅	☁️
Mi participación en clase				
Mi trabajo en casa				
Mis progresos en español				
Mis dificultades				

Y en particular:

	😀	🙂	😐	😕	😟
Gramática					
Vocabulario					
Fonética y pronunciación					
Lectura					
Audición					
Escritura					
Cultura					

Diario personal

Después de haber trabajado con las lecciones de GENTE EN CASA, mi imagen de España y de los españoles (es la misma que antes / ha cambiado) _____. Esto es así porque _____. En GENTE EN CASA he visto cómo viven los españoles, cómo son sus casas, qué hacen cuando tienen invitados. Ahora creo que puedo _____.

La verdad es que, en este aspecto, entre España y mi país (hay / no hay) diferencias: en España, _____ y aquí _____.

37 38 39 40
GRAMMATIKÜBERSICHT

DE, CON, SIN

un piso **de** 100 metros cuadrados   un pueblo **de** 160 habitantes

una casa **con** jardín   un piso **con** terraza   una habitación **con** ventanas

un piso **sin** vista   un barrio **sin** zonas verdes   una calle **sin** ruido

Un piso sin vista.

¿DÓNDE?

- ¿**Dónde** viven sus padres?
- En Sevilla.

- ¿**A dónde** vais este verano?
- A la Costa del Sol.

- ¿**De dónde** vienes tan tarde?
- **De** una reunión de la comunidad de vecinos.

- ¿**Por dónde** habéis venido?
- **Por** la autopista.

¡QUÉ... TAN...! / ¡QUÉ... MÁS...!

Es un libro muy interesante. → ¡**Qué** libro **tan** interesante!
Son unos niños muy majos. → ¡**Qué** niños **tan** majos!

•••○ Man kann dasselbe auch so ausdrücken:

¡**Qué** libro **más** interesante!   ¡**Qué** niños **más** majos!
Was für ein interessantes Buch!   Was für nette Kinder!

(NO) ME VA BIEN

•••○ Man verwendet **ir bien**, um sein Einverständnis mit einem Termin oder Ort auszudrücken:

- ¿**Te va bien** a las cinco? – Ist es dir recht um fünf?
- No, a las cinco **no puedo**. Tiene que ser a las seis.
  A las cinco **no me va muy bien**. Mejor un poco más tarde, a las seis.

•••○ Der Ausdruck **ir bien** folgt der gleichen Konstruktion wie **gustar**:

Me
Te
Le
Nos   } **va bien** el 12 / el miércoles / a las seis /...
Os
Les

170
Ciento setenta

ESTAR + GERUNDIUM

Das Gerundium steht normalerweise in Verbindung mit anderen Verben, am häufigsten mit **estar**. Es drückt eine Handlung aus, die gerade im Gange ist.

(yo)	**estoy**	
(tú)	**estás**	
(él, ella, usted)	**está**	trabaj**ando**
(nosotros/as)	**estamos**	com**iendo**
(vosotros/as)	**estáis**	ecsrib**iendo**
(ellos, ellas, ustedes)	**están**	

- ¿Está Juan? – Ist Juan da?
- Todavía **está durmiendo.** – Er schläft noch.

• Unregelmäßige Gerundium-Formen:

LEER → **leyendo**   SEGUIR → **siguiendo**   PEDIR → **pidiendo**
OÍR → **oyendo**   DORMIR → **durmiendo**   DECIR → **diciendo**

• Beim Gerundium stehen die Reflexiv- und Objektpronomen entweder vor dem konjugierten Verb oder sie werden an das Gerundium angehängt. In diesem Fall trägt die Gerundiumform einen Akzent.

Juan **se** está **duchando**.   Juan está **duchándose**.

DER IMPERATIV

REGELMÄSSIGE FORMEN

	TOMAR	BEBER	SUBIR
(tú)	tom**a**	beb**e**	sub**e**
(vosotros/as)	tom**ad**	beb**ed**	sub**id**
(usted)	tom**e**	beb**a**	sub**a**
(ustedes)	tom**en**	beb**an**	sub**an**

UNREGELMÄSSIGE FORMEN

	PONER	SER	IR	DECIR	SALIR	VENIR	TENER	HACER
(tú)	**pon**	**sé**	**ve**	**di**	**sal**	**ven**	**ten**	**haz**

• Die Reflexiv- und Objektpronomen (**me, te, lo, la, nos, os, los, las, le, les** und **se**) werden direkt an den Imperativ angehängt:

Miradlo, allí está.   Pasa, pasa y **siéntate**.   **Dame** ese periódico.

• Wenn man ein Pronomen an den Imperativ anhängt, verschmilzt es mit diesem zu einem Wort. Dadurch ergeben sich einige Änderungen: Es wird ein Akzent erforderlich, damit die Betonung erhalten bleibt, falls diese sonst auf eine andere Silbe fallen würde:

Mira ⟶ **Mírate** en el espejo.

Mírate en el espejo.

Vor dem Pronomen **os** entfällt das **d** am Ende des Imperativs:

Mirad ⟶ **Miraos** en el espejo.

GRAMMATIKÜBERSICHT

• Stehen zwei Pronomen im Satz, so steht das indirekte Objektpronomen vor dem direkten. Die Pronomen der dritten Person (**le, les**) werden in der Verbindung mit einem direkten Objektpronomen (**lo, la, los, las**) zu **se**.

- ¿Puedo llevarme estas fotos?
- Sí, pero luego devuélve**melas**.

- ¿Quieres estos documentos?
- No, dá**selos** a Juan.

• Man verwendet den Imperativ ...

um etwas anzubieten:

Toma un poco más de café.
Ponte un poco más de pastel.

um Anweisungen zu geben:

- ¿Para llamar por teléfono desde España al extranjero?
- **Marca** primero el 07; luego, **espera** a oír una señal, y entonces **marca** el prefijo del país.

um etwas anzuordnen und andere aufzufordern, etwas zu tun:

Llama al Director, por favor.
Por favor, **dígale** que he llamado.
Carlos, guapo, **ayúdame** a llevar esto.

um etwas zu erlauben:

- ¿Puedo mirar estas fotos?
- Sí, claro, **míralas**.

Beachte:
Um etwas zu erlauben, werden bejahende Elemente oft wiederholt:
- ¿Puedo llamar por teléfono?
- **Sí, claro. Llama, llama.**

Um die Aufmerksamkeit des Zuhörers in einem Gespräch zu wecken, verwendet man ...

bei der Vorstellung von Personen:

Mira, te presento a Julia.
Mire, le presento al Sr. Barrios.

zur Einleitung einer Frage:

Oye, ¿sabes dónde está el Museo Nacional?
Oiga, ¿sabe dónde está el Museo Nacional?

wenn man etwas überreicht:

Toma, esto es para ti.
Tome, esto es para usted.

AM TELEFON

• Wenn man den Hörer abnimmt, meldet man sich in Spanien nicht mit Namen, sondern sagt:

¿**Sí?** oder **Diga**.

In einigen Gebieten Lateinamerikas sagt man auch:
- ¿**Aló?**
- ¿**Se encuentra** el Sr. Gutiérrez?
- **No**, de momento **no se encuentra**.

• Wie man nach jemandem fragt:

¿Está Maruja?
¿Maruja?/¿Eres tú, Maruja?

• Wie man sich zu erkennen gibt und nach dem Anrufer fragt:

Sí, soy yo.

- ¿De parte de quién?
- De Julián Rueda.
  Soy Irene Felipe.
     su hija.

¿Está el Sr. Valcárcel?

Sí, pero en este momento no lo puede recibir. Está reunido.

• Wie man eine Nachricht hinterlässt:

- ¿Le digo algo?
  ¿Quiere/s dejarle algún recado?

- Dile que he llamado.
  Dígale que he llamado.
  No, gracias. Yo lo/la llamo luego / más tarde / en otro momento...

- Vale, yo se lo digo.

EINLADUNGEN

¿Por qué no { vienes a tomar café mañana?
             venís a comer este fin de semana?
             vienen a cenar el domingo?

Mira, **te llamaba para** invitaros a casa este fin de semana.

Häufig gibt man eine Begründung für eine Einladung. Diese wird mit **así** eingeleitet.

¿Por qué no venís a vernos el sábado?   Así conocéis a mis hermanos.
                                         Así os enseñamos la casa nueva.

173
Ciento setenta tres

37 38 39 40
GRAMMATIKÜBERSICHT

WIE MAN ETWAS ANBIETET UND ANNIMMT

MIT DEM IMPERATIV   **Toma** un poco más de tarta.

MIT EINER FRAGE   ¿**No quieres** un poco más de tarta?
                       ¿**Queréis tomar algo:** una cerveza, un zumo...?

OHNE VERB   ¿Un poco más de tarta?

Sí, voy a tomar un poco más. Está muy rica.
No, gracias. Está muy rica, **pero no quiero más.**

• Es gebietet die Höflichkeit, beim Anbieten mehrfach zu insistieren. Einige erwarten die zweite Aufforderung, bevor sie etwas annehmen.

• Venga, sí, toma un poquito más.
  ¿De verdad? ¿No quieres un poquito más?
○ Bueno, ya que insistes.
  Bueno, si insistes...

WIE MAN SICH BEGRÜSST UND VERABSCHIEDET

• Hola, ¿qué tal?
○ Muy bien, ¿y tú?
              ¿y usted?
• Muy bien, gracias.

VOR DEM MITTAGESSEN   NACH DEM MITTAGESSEN   AB DER DUNKELHEIT/DEM ABENDESSEN
Buenos días   Buenas tardes   Buenas noches

¡Adiós!

Hasta { luego
        mañana
        el domingo
        pronto

WIE MAN JEMANDEN VORSTELLT

• **Mira, ésta es** Gloria, una amiga./**Mire, éste es** Paco Gil, un compañero de trabajo.
  Mira, te presento a Gloria. / **Mire, le presento a** Paco Gil.
  Mirad, os presento a la Señora Gaviria. /**Miren, les presento a** la Señora Gaviria.
○ Mucho gusto. / Encantado/a. / Hola, ¿qué tal?

WIE MAN GRÜSSE AUSRICHTEN LÄSST

¿Qué tal { tus padres?
           tu hija?
           su marido?

Dale/les } recuerdos de mi parte.
Déle/les

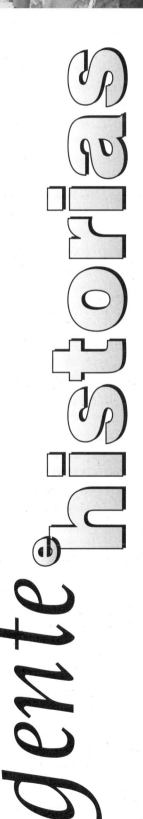

41 42 43 44

gente e historias

Hier findest du

folgende Übungen

1 **HV** Ein Quiz über historische Daten: Nobelpreise, Attentate …

2-3 Wann und unter welchen Umständen hast du … ?

4-5-6 **HV** Sätze miteinander verbinden: ¿yo, tú, él…? Indefinido und Imperfekt

7 Dein Tagebuch: was du heute, gestern und am Samstag gemacht hast.

8 Angaben korrigieren: Perfekt und Indefinido

9-10 **HV** Wie haben sie sich kennen gelernt?

11 Wichtige Daten in deinem Leben

12 Fragebogen: einige Daten aus deinem Leben

13 Zeitangaben: **ayer, anoche, anteayer**…

14 Drei Kulturen: Imperfekt und Infinitiv

15-16 Veränderungen in deinem Leben und auf der Welt: Präsens und Imperfekt

17 Test über historische und biografische Daten

18 Daten und Ereignisse verbinden: Indefinido

19 Interviews mit berühmten Personen: **cuándo, qué, cuál**…

20 Die Biografie eines Popstars ergänzen

21 Ein Quiz über historische Ereignisse

AGENDA

GRAMMATIK-ÜBERSICHT

gente e historias

1 Du hörst die Antworten von zwei Kandidaten aus dem Radioquiz „Wann geschah es?". Wer von den beiden hat die meisten richtigen Antworten? Hier sind die Zettel mit den Daten.

VIDAS DE FAMOSOS

1956: Boda de Rainiero y Grace Kelly.
1968: Boda de Jacqueline Kennedy con A. Onassis.
1997: Muerte de Lady Di.
1997: Boda en Barcelona de la Infanta Cristina y el jugador de balonmano Iñaki Urdangarín.

PREMIOS NOBEL Y CIENTÍFICOS

1983: Walesa, premio Nobel de la Paz.
1982: García Márquez, premio Nobel de Literatura.
1918: Muere Albert Einstein.
1906: Santiago Ramón y Cajal, Premio Nobel de Medicina.
1959: Severo Ochoa, Premio Nobel de Medicina.

AVANCES DE LA CIENCIA Y LA TÉCNICA

1969: N. Amstrong pone el pie en la Luna.
1961: Gagarin, primer "hombre del espacio".
1919: Leonardo Torres Quevedo inventa el transbordador de las Cataratas del Niágara.
1923: J. de la Cierva inventa el autogiro, precursor del helicóptero.
1864: Narcís Monturiol crea el Ictíneo, uno de los primeros submarinos del mundo.

MAGNICIDIOS

1986: Olof Palme
1995: Isaac Rabin
1978: Aldo Moro
1967: Che Guevara

ACONTECIMIENTOS SOCIALES Y POLÍTICOS

1969: Dimisión de De Gaulle.
1978: Acuerdos de Camp David entre Egipto e Israel.
1945: Conferencia en Yalta. Stalin, Roosevelt y Churchill. Acuerdo sobre la creación de la ONU.
1945: Firma de la carta de la ONU, en San Francisco.
1957: Tratados de Roma: nacimiento de la CEE y del Euratom (Europa de los Seis).
1962: Independencia de Argelia.

	Primer concursante		Segundo concursante	
	correcto	incorrecto	correcto	incorrecto
1ª pregunta				
2ª pregunta				
3ª pregunta				
TOTAL				

gente e historias

2 Wo und wann hast du folgende Dinge zum ersten Mal gemacht?

	¿DÓNDE?	¿CUÁNDO?
- Comer paella	Comí paella por primera vez en Tenerife.	Fue en 1995.
- Ir en bicicleta	No me acuerdo.	Fue hace muchos años.
- Subir a un avión		
- Estar en un país de lengua española		
- Visitar un museo		
- Viajar en barco		
- Estar en una isla		
- Conocer a un español o hispanoamericano		
- Ver un gran espectáculo (un concierto de rock, un partido de fútbol, una ópera...)		
- Pasar unas vacaciones sin la familia		
- Entrar en una clínica o un hospital		
- Ir a una boda		
- Votar en unas elecciones		

3 Füge bei den Sätzen der vorigen Übung Begleitumstände und Kommentare hinzu, so wie hier angegeben.

POR PRIMERA VEZ	CIRCUNSTANCIAS	COMENTARIOS Y VALORACIONES
Primer concierto: Rolling Stones (1973)	Yo tenía 14 años.	Me gustó mucho.

CIRCUNSTANCIAS
- Yo tenía ... años.
- Yo era un niño de ... años / Yo ya era mayor...
- Yo estaba con unos amigos / mis padres / solo/a...
- Había mucha gente / No había mucha gente / Había unas ... personas...
- Hacía frío / calor / mal tiempo...
- Allí estaba...
- Yo estaba un poco nervioso / muy asustado / bastante contento...

COMENTARIOS Y VALORACIONES
Me gustó mucho.
Me encantó.
No me gustó nada.
Me pareció un poco aburrido / una tontería...
Me pareció muy interesante / divertido...

177
Ciento setenta y siete

gente e historias

4 Du hörst nun 10 Personen. Gib durch entsprechende Nummerierung an, welcher der folgenden Sätze jeweils die logische Fortsetzung von dem ist, was sie sagen.

- ☐ a) Vio "La Maja desnuda" de Goya. Le gustó mucho.
- ☐ b) Pero hacía frío y no me bañé.
- ☐ c) Vi "Las Meninas" de Velázquez. Me gustó mucho.
- ☐ d) Había muy poca gente pero me encontré con unos amigos.
- ☐ e) Y en 1971 se casó con ella.
- ☐ f) Ganamos 3 a 0.
- ☐ g) ¿Estabas enfermo?
- ☐ h) Ganó 3 a 0.
- ☐ i) Pero hacía frío y no se bañó.
- ☐ j) Y en 1970 me casé con ella.

5 Höre die Sätze nun noch einmal und ergänze danach in der Tabelle die Indefinido-Formen dieser Verben für die ersten drei Personen.

	VER	HACER	HABER	ESTAR	IR	CONOCER	JUGAR
yo							
tú							
él							

6 Du hörst nun 10 Satzanfänge. Kreuze an, wie die Sätze wohl weitergehen.

1. ☐ a) pero no sé escribirlo.
   ☐ b) al principio de la conferencia, y luego se expresó en inglés.

2. ☐ a) con una beca que me ha dado el Ministerio de Educación y Ciencia.
   ☐ b) y luego regresó a su país.

3. ☐ a) pero no le gustaba mucho y buscó un puesto en un periódico.
   ☐ b) pero no me gusta mucho y me gustaría trabajar en la televisión.

4. ☐ a) la playa no me gusta.
   ☐ b) allí conoció a su novio.

5. ☐ a) lo siento; había mucho tráfico.
   ☐ b) por eso no escuchó las palabras del Presidente.

6. ☐ a) sus amigos tomaron el ascensor.
   ☐ b) no me gusta usar el ascensor.

7. ☐ a) hacía mucho frío, pero no se movió de allí.
   ☐ b) si tienes un problema, me llamas y voy a ayudarte.

8. ☐ a) sus amigos le esperaban en un restaurante y él iba a llegar tarde.
   ☐ b) el de mi casa no funciona bien.

9. ☐ a) vio las noticias de la tele y se fue a dormir a las 11.
   ☐ b) veo las noticias de la tele y me voy a dormir temprano.

10. ☐ a) así me entero de lo que pasa en el mundo antes de leer el periódico.
    ☐ b) pero no escuchó ninguna noticia sobre el accidente de tren.

gente e historias

7 Schreibe in dein Tagebuch drei kurze Abschnitte über …

LO QUE HAS HECHO HOY

LO QUE HICISTE AYER

LO QUE HICISTE EL SÁBADO PASADO

8 Stell dir vor, heute ist Donnerstagabend, der 14. Dies hat Valentina in den letzten Tagen gemacht. Aber sie hat ein schlechtes Gedächtnis. Schau, was sie einer Freundin erklärt, und korrigiere ihre Irrtümer, so wie im Beispiel.

> No, esta mañana no ha jugado a squash con Herminia, jugó ayer.

LUNES 11
8h – 9h clase de ruso
12h reunión con el Sr. Palacio
19h dentista

MARTES 12
Viaje de trabajo a Madrid
De compras en Madrid: traje chaqueta azul en las rebajas
22h Fiesta de cumpleaños de Gabriel

MIÉRCOLES 13
Comida con el jefe y unos clientes belgas
Partido de squash con Herminia
Cena con Alfredo en una pizzería

JUEVES 14
de 9h a 11h clase de ruso
Comida con Isabel, una vieja amiga
Peluquería
Supermercado

- Esta mañana he jugado un partido de squash con Herminia.
- ¿Alfredo? Cené con él anteayer. Está muy bien.
- Anoche fui a casa de Gabriel. Era su cumpleños e hizo una fiestecita con algunos amigos.
- Sí, todavía estudio ruso. Tengo un profesor particular tres horas por semana. Esta semana he tenido tres horas de clase. Hoy una hora y el lunes dos horas.
- He ido de compras esta mañana. Me he comprado un traje chaqueta azul, precioso, en las rebajas.
- Ha sido una semana muy complicada. El lunes fui a Madrid. Tenía una reunión muy importante. Y hoy he comido con unos clientes holandeses…
- Ah, y además esta semana he tenido problemas con una muela. ¡Me dolía…! El martes tuve que ir de urgencias al dentista.

gente e historias

9 Wie haben sie sich kennen gelernt? Hör zu und notiere zu jedem Bild die Zahl der zugehörigen Geschichte.

10 Hör die drei Geschichten noch einmal und schreibe folgende Sätze unter das jeweils passende Bild.

De pequeños, eran vecinos y jugaban juntos.
Él sabía que ella hacía teatro.
Él tenía un perro.
Él era el sobrino del profesor de ella.
Él y ella estaban bailando.
Ella un día estaba regando las plantas.
Él estaba en un grupo de teatro y necesitaban una chica.
Después de la fiesta fueron paseando hasta el hotel.
Estudiaban juntos en el mismo instituto.

gente e historias

11 Notiere in der Tabelle drei wichtige Daten aus deinem Leben und die Begleitumstände.
Wenn du nicht darüber reden willst, kannst du dir etwas ausdenken.

FECHA	¿QUÉ PASÓ?	¿CON QUIÉN ESTABAS?	¿DÓNDE?	¿QUÉ TIEMPO HACÍA?
el 3 de julio de 1988	Tuve un accidente de coche.	Iba con Richard Gere.	Íbamos a esquiar a los Alpes.	Llovía.

Gib ein Papier mit deinen Daten aus der ersten Spalte an drei andere Kursteilnehmer/innen. Sie werden dir Fragen stellen.

• ¿Qué te pasó el 3 de julio de 1988?
○ Tuve un accidente de coche...

12 Stell dir vor, du sollst für deine Schule oder Firma diesen Fragebogen ausfüllen.

¿En qué año nació usted?   En mil novecientos sesenta y seis.

¿Cuándo empezó la escuela primaria? _____ _____

¿Cuál fue su primer trabajo? _____ _____

¿Cuándo empezó a estudiar español? _____ _____

¿En cuántas empresas ha trabajado? ¿Cuánto tiempo? _____

¿Ha vivido en el extranjero? ¿Dónde? ¿Cuánto tiempo? _____

¿Desde cuándo vive usted aquí? _____

13 Wann hast du folgende Dinge zum letzten Mal gemacht? Antworte mit Hilfe der angegebenen Zeitangaben.

| ayer | anteayer | anoche | el lunes / martes... pasado | la semana pasada | en 19... |
| el mes pasado | el año pasado | | cuando era niño | no lo he hecho nunca | |

Anoche comí un plato excelente. Fui a cenar con mi novio.

LA ÚLTIMA VEZ QUE...

comer un plato excelente
conocer a una persona rara
llorar viendo una película
gastar demasiado
olvidar algo importante
ver un paisaje especialmente bonito
escribir una carta

tener que decir una mentira
leer una buena novela
perderte en una ciudad
perder una llave
oír una buena noticia
tener una conversación interesante
tener una sorpresa agradable

gente e historias

14 Wie war das Leben in früher? Kannst du diese Texte den Abbildungen zuordnen?

Vivían en ciudades-estado. Cada ciudad estaba gobernada por un jefe, que tenía poderes civiles y religiosos. La sociedad estaba organizada en diversas clases: nobles, sacerdotes, pueblo. También había esclavos.

Tenían una religión en la que había diversos dioses. Adoraban a estos dioses y les ofrecían sacrificios. Uno de los más importantes era Itzanmá, dios de la escritura y de los libros. La escritura era de carácter jeroglífico, como la de los egipcios.

Tenían un calendario solar con 18 meses de 20 días, más cinco días para completar el año. Utilizaban también un sistema aritmético que poseía un signo equivalente a nuestro cero. Gracias a estos dos sistemas, calendario y sistema aritmético, sus conocimientos astronómicos eran superiores, en muchos casos, a los de la cultura europea de la misma época. Así, por ejemplo, para ellos el año constaba de 365,2420 días, cálculo mucho más próximo a la medida actual (365,2422 días) que el de los europeos de aquella época (365,2500 días).

Es una de las civilizaciones más antiguas, que nació y se desarrolló a lo largo de un río. Estaban gobernados por emperadores, a los que consideraban descendientes de los dioses y llamaban faraones. Para estos faraones construían grandes monumentos funerarios, en forma de pirámide. Su religión tenía un dios principal, Amon-Ra, que era el dios del sol. Otro dios muy importante era Osiris, dios de los muertos. Creían en una vida después de la muerte, por eso preparaban a los muertos para esa vida.

La clase sacerdotal era muy numerosa y tenía gran influencia social, económica, política e intelectual: sus miembros eran los responsables del mantenimiento y funcionamiento de los templos, pero también realizaban otras actividades: eran médicos que curaban a los enfermos, y también magos que interpretaban los sueños.

Este pueblo es una civilización aún viva, que ha pasado rápidamente de la época prehistórica a la moderna. Sus antecesores vivían en zonas muy frías, por eso no disponían de muchos recursos naturales; por ejemplo, no tenían madera.

No conocían la escritura, pero su cultura era una de las más ricas culturas prehistóricas: construían casas de hielo, fabricaban canoas y tiendas de piel de reno para el verano, podían andar fácilmente por la nieve gracias a sus botas impermeables y se protegían del sol con unas gafas de hueso...

Aunque no tenían caballos ni carros, viajaban en unos trineos tirados por perros, un medio de transporte muy particular para desplazarse por la nieve.

Se alimentaban fundamentalmente de los animales que cazaban y pescaban. Creían en unos dioses que controlaban la caza y la pesca, al igual que la salud y la vida de las personas. También creían que todos los elementos de la naturaleza tenían un alma como las personas.

Se llamaban a sí mismos "inuit", es decir, "los hombres", aunque la civilización occidental los conoce por otro nombre. Vivían en comunidades pequeñas, agrupados por familias, sin jefes ni jerarquía.

Unterstreiche nun alle Verben, die im Imperfekt stehen, und schreibe ihren Infinitiv auf.

vivían ⟶ vivir

15 Denke an verschiedene Dinge, die sich in deinem Leben verändert haben.

> Cuando era más joven fumaba, pero ahora no fumo.

16 Alles verändert sich. Welche Veränderungen in den letzten 10 Jahren fallen dir zu diesen Themen ein?

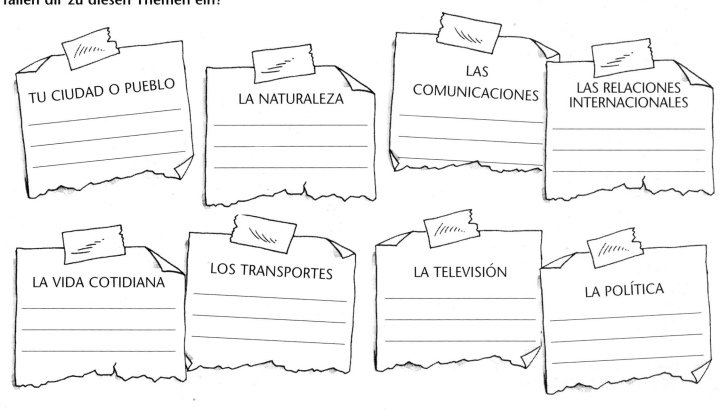

gente e historias

17 Hier ist ein Fragebogen über ungewöhnliche historische und biografische Daten. Hast du Mut zum Raten?

1. En Bolivia hubo, desde el año de su independencia, en 1825, hasta 1984...

   ☐ a. 102 terremotos.
   ☐ b. 191 golpes de estado.
   ☐ c. 25 guerras.

2. Charles Chaplin no participó en la Primera Guerra Mundial porque era...

   ☐ a. pacifista.
   ☐ b. demasiado viejo.
   ☐ c. demasiado bajito.

3. El papel lo inventaron...

   ☐ a. los chinos.
   ☐ b. los antiguos griegos.
   ☐ c. los egipcios.

4. En el siglo XIV, en Europa, murieron por la peste negra...

   ☐ a. unos 10 millones de personas.
   ☐ b. 35 millones de personas aproximadamente.
   ☐ c. 2 millones de personas.

5. La patatas llegaron a Europa...

   ☐ a. en el siglo III, de África.
   ☐ b. en el siglo XVIII, de Estados Unidos.
   ☐ c. en el siglo XVI, de América del Sur.

6. El primer hombre que dijo que la Tierra no era plana fue...

   ☐ a. Anaximandro de Mileto.
   ☐ b. Galileo.
   ☐ c. Plácido Pérez.

7. La pirámide de Quetzacóatl, el mayor monumento del mundo, ...

   ☐ a. la construyeron los mayas en México.
   ☐ b. la hicieron los egipcios a orillas del Nilo.
   ☐ c. la edificaron los chinos en Shangai.

8. La primera línea telefónica se instaló...

   ☐ a. en Boston en 1878.
   ☐ b. en Londres en 1915.
   ☐ c. en París en 1792.

9. En 1692, el holandés Peter Minuit compró la isla de Manhattan a los indios y pagó...

   ☐ a. 24 dólares.
   ☐ b. 240 dólares.
   ☐ c. 24.000 dólares.

10. El 24 de octubre de 1929, el llamado "Jueves Negro", ...

    ☐ a. se hundió la bolsa de Nueva York.
    ☐ b. hubo un terrible terremoto en Roma.
    ☐ c. empezó la Primera Guerra Mundial.

11. La erupción del Vesubio destruyó Pompeya...

    ☐ a. en el año 234 antes de Cristo.
    ☐ b. en el siglo IV de nuestra era.
    ☐ c. en el año 79 de nuestra era.

12. Lope de Vega (1562-1635), a quien Cervantes llamaba "Monstruo de la Naturaleza", escribió...

    ☐ a. más de 1.500 obras de teatro.
    ☐ b. 960 novelas.
    ☐ c. unos 8.000 poemas.

Vergleiche deine Antworten mit zwei anderen Kursteilnehmer/innen. Die richtigen Antworten findet ihr im Lösungsheft.

Ciento ochenta y cuatro

gente e historias

18 Sagen dir diese Jahreszahlen etwas? Verbinde sie mit den Ereignissen.

> En 1492 Colón llegó a América.
> En 1492 fue cuando Colón llegó a América.

1492	Colón LLEGAR a América
1789	DECLARARSE la independencia de EE.UU.
1898	EMPEZAR la Revolución Francesa
1918	España DECLARAR la guerra a EE.UU.
1776	ESTALLAR la Guerra del Golfo
1939	TERMINAR la Guerra Civil Española
1968	TERMINAR la I Guerra Mundial
1990	HABER un gran movimiento de estudiantes y obreros en Europa

19 Stell dir vor, du könntest mit diesen Berühmtheiten ein Interview machen. Wem würdest du welche Frage stellen?

¿Fueron difíciles sus primeros años en los Estados Unidos?

a _____

¿Cuándo habló por primera vez con Isabel la Católica?

a _____

¿Cuál fue su primer concierto fuera de su país?

a _____

¿Qué sintió al ver tanta gente en la Marcha por los Derechos Civiles?

a _____

Formuliere noch mehr Fragen an diese Personen. Welche berühmte Person aus der Geschichte oder Gegenwart würdest du am liebsten interviewen? Schreibe die Fragen auf, die du ihr stellen würdest.

185
Ciento ochenta y cinco

gente e historias

20 Denk dir die fehlenden Angaben in der Biografie dieses Popstars aus.

Paz nació en 1958 en un pueblecillo de La Mancha. En aquella época en España _____.
Pepe Candel, su padre, trabajaba en el campo. La vida en el pueblo _____. Por eso, Pepe y su mujer decidieron irse a Bélgica. Entonces _____. Paz tenía en aquel momento dos años y _____.
Cuando tenía sólo 7 años participó en un concurso de la radio y _____; a los 21 _____. Así que dejó los estudios y empezó a _____.
Decidió volver a España y se puso a _____. La productora discográfica "Chinchinpum" se fijó en ella y grabó su primer disco, que fue _____. Muy pronto ocupó el número 1 en todas las listas de ventas. Entonces fue cuando _____.
Desde esa época, _____.
Actualmente _____
_____.

21 Wenn wir den Kurs in zwei Gruppen teilen, können wir ein Raten um die Wette veranstalten. Hier stehen die Spielregeln:

REGLAS DEL CONCURSO

- Cada equipo prepara, por escrito, diez preguntas sobre hechos del pasado, para hacérselas luego al otro equipo.
- Cada pregunta bien construida vale un punto. Sólo valen las preguntas de las que se conocen las respuestas. El profesor las va a corregir antes de empezar el concurso.
- Cada respuesta acertada vale 2 puntos.
- Cada equipo tiene 2 minutos para pensar y discutir la respuesta.
- Gana el equipo que obtiene más puntos.

Ciento ochenta y seis

Lernstrategien

 Hör diese beiden Textabschnitte und achte auf die Betonung in den Sätzen. Wo glaubst du befinden sich die Hauptinformationen? Und wo die Einzelheiten? Markiere es im Text wie in diesem Beispiel.

Estaba muy cansado, me dolía la cabeza, tenía mucho trabajo...
decidí quedarme en casa.

Todo el mundo corría, nadie sabía qué hacer, había mucho ruido... De pronto vi a Jaime. Subí en su coche y salimos corriendo. Luego, en la autopista, otra vez: controles de policía, atascos de coches, todo el mundo hacía sonar la bocina... Llegamos a casa cansados y nos fuimos a dormir sin cenar.

No tenía noticias de él desde hacía varios días, no me escribía, no me llamaba, yo llamaba a su casa pero nadie respondía, otras veces tenía puesto el contestador automático pero luego no me devolvía la llamada: cogí el tren y fui a verlo. Lo encontré bastante deprimido. Estuvimos juntos aquel fin de semana y me explicó sus problemas: ya sabes, lo de su padre, lo de su novia... Hice lo que pude por ayudarle.

> Wenn du etwas hörst, achte nicht nur darauf, was gesagt wird, sondern auch darauf, wie etwas gesagt wird: der Rhythmus und der Tonfall der Sätze geben dir an, was wirklich wichtig ist und was eher nebensächlich.

41 42 43 44
AGENDA

Autoevaluación

En general:

	☀️	⛅	☁️	☁️
Mi participación en clase				
Mi trabajo en casa				
Mis progresos en español				
Mis dificultades				

Y en particular:

	😀	🙂	😐	😕	😟
Gramática					
Vocabulario					
Fonética y pronunciación					
Lectura					
Audición					
Escritura					
Cultura					

Diario personal

Ya hemos terminado GENTE 1, y he aprendido _____. De la vida y de las costumbres del mundo hispano me han interesado especialmente estos aspectos: _____. En mi propia lengua puedo encontrar más información sobre estos temas: en una biblioteca o en las revistas y en los periódicos. También puedo obtener información en español hablando con personas; en mi ciudad tengo estas posibilidades: _____. También he aprendido a aprender mejor. (He aplicado alguno de los trucos, por ejemplo:.... / No he aplicado ninguno, porque...) _____. Ahora mis objetivos son _____.

DAS INDEFINIDO (HISTORISCHE VERGANGENHEIT)

● REGELMÄSSIGE VERBEN

	-AR TERMINAR	-ER CONOCER	-IR VIVIR
(yo)	terminé	conocí	viví
(tú)	terminaste	conociste	viviste
(él, ella, usted)	terminó	conoció	vivió
(nosotros/as)	terminamos	conocimos	vivimos
(vosotros/as)	terminasteis	conocisteis	vivisteis
(ellos, ellas, ustedes)	terminaron	conocieron	vivieron

● WICHTIGE UNREGELMÄSSIGE VERBEN

Die Verben **ser** und **ir** haben im Indefinido die gleichen Formen. Die jeweilige Bedeutung wird durch den Kontext deutlich.

	SER	IR
(yo)	fui	fui
(tú)	fuiste	fuiste
(él, ella, usted)	fue	fue
(nosotros/as)	fuimos	fuimos
(vosotros/as)	fuisteis	fuisteis
(ellos, ellas, ustedes)	fueron	fueron

Viele unregelmäßige Indefinido-Formen ändern die betonte Silbe; bei der ersten (**yo**) und der dritten Person Singular (**él, ella, usted**) fällt die Betonung nicht auf die Endung, sondern auf den Wortstamm, z.B. **tu**ve, **tu**vo oder **vi**ne, **vi**no.

Normalerweise sind die Indefinido-Endungen der unregelmäßigen Verben:

(yo)	-e	(nosotros/as)	-imos
(tú)	-iste	(vosotros/as)	-isteis
(él, ella, usted)	-o	(ellos, ellas, ustedes)	-ieron

	TENER	ESTAR
(yo)	tuve	estuve
(tú)	tuviste	estuviste
(él, ella, usted)	tuvo	estuvo
(nosotros/as)	tuvimos	estuvimos
(vosotros/as)	tuvisteis	estuvisteis
(ellos, ellas, ustedes)	tuvieron	estuvieron

	HACER	DECIR	SABER
(yo)	hice	dije	supe
(tú)	hiciste	dijiste	supiste
(él, ella, usted)	hizo	dijo	supo
(nosotros/as)	hicimos	dijimos	supimos
(vosotros/as)	hicisteis	dijisteis	supisteis
(ellos, ellas, ustedes)	hicieron	dijeron *	supieron

*Fast alle Verben auf **-ER** und **-IR** haben in der la 3. Person Plural die Endung **-ieron**; **DECIR** und einige andere Verben auf **-CIR** haben jedoch die Endung **-eron**.

41 42 43 44
GRAMAMTIKÜBERSICHT

DAS IMPERFEKT

	-AR	-ER	-IR	
	HABLAR	TENER	VIVIR	
(yo)	hablaba	tenía	vivía	
(tú)	hablabas	tenías	vivías	
(él, ella, usted)	hablaba	tenía	vivía	REGELMÄSSIG
(nosotros/as)	hablábamos	teníamos	vivíamos	
(vosotros/as)	hablabais	teníais	vivíais	
(ellos, ellas, ustedes)	hablaban	tenían	vivían	

	SER	IR	
(yo)	era	iba	
(tú)	eras	ibas	
(él, ella, usted)	era	iba	UNREGELMÄSSIG
(nosotros/as)	éramos	íbamos	
(vosotros/as)	erais	ibais	
(ellos, ellas, ustedes)	eran	iban	

UNTERSCHEIDUNG DER VERGANGENHEITSZEITEN

- **Der Unterschied zwischen Perfekt / Indefinido und Imperfekt:**

    Das Perfekt und das Indefinido stellen ein vergangenes **Ereignis** dar:

    > Ayer **llovió**. Y esta mañana **ha llovido** otra vez.
    > Ayer por la noche **estuvimos** en un restaurante muy bueno.

    Das Imperfekt stellt die **Begleitumstände** eines vergangenen Ereignisses dar:

    > Fuimos al cine por la noche y al salir, **llovía**.
    > Esta mañana no he salido de casa. **Llovía** otra vez.
    > **Estábamos** en un restaurante muy bueno y llegó Martín.

- **Der Unterschied zwischen Perfekt und Indefinido:**

    Das Indefinido steht im Allgemeinen mit folgenden Signalwörtern:

ayer	anteayer
anoche	el otro día
el lunes / martes...	el día 6/21/...
la semana pasada	el mes pasado
el año pasado	

    Das Perfekt steht normalerweise mit folgenden Signalwörtern (diese schließend den Zeitpunkt, zu dem gesprochen wird, mit ein):

Hoy	Esta mañana / tarde...
Esta semana	Este mes
Este verano / otoño/...	Este año

Ciento noventa

Beachte: Die Unterscheidung Perfekt / Indefinido variiert sehr stark in den verschiedenen spanischsprachigen Ländern und sogar Regionen. In Lateinamerika und vielen Gebieten Spaniens verwendet man das Indefinido sehr viel häufiger als das Perfekt.

Der Gebrauch des Imperfekt als Unterscheidung zum Perfekt bzw. Indefinido ist viel allgemeiner und in allen Ländern gleich.

FUNKTIONEN DES IMPERFEKT

•••○ Beschreibung von Begleitumständen in einer Erzählung:

Besonderheiten der Situation, in der das erzählte Ereignis stattfindet, wie z.B. Zeitpunkt, Datum, Wetter, Ort etc:

Eran las nueve.   **Era** de noche.
Hacía mucho frío y **llovía**.   **Estábamos** cerca de Madrid.

Beschreibung der Personen, die sprechen oder von denen die Rede ist:

Estaba muy cansado.   Me **encontraba** mal.   Yo no **llevaba** gafas.

Beschreibung von Dingen, die das erzählte Ereignis umgeben:

Había mucho tráfico.   **Había** un camión parado en la carretera.

•••○ Beschreibung des Gegensatzes zwischen dem aktuellen und vergangenen Zustand:

Ahora hablo español y catalán. Antes sólo **hablaba** francés.
Antes **tenía** muchos amigos. Ahora sólo tengo dos o tres.
Antes no **había** metro, sólo **había** tranvías. Ahora hay metro y autobuses.

•••○ Beschreibung von Gewohnheiten in der Vergangenheit:

Cuando era niño, **íbamos** a la escuela a pie, no **había** transporte escolar.
Yo antes **fumaba** mucho.

•••○ Ausdruck von Überraschung, Entschuldigung für mangelnde Information, wenn man eine neue Information erhält:

Ah, no lo **sabía**.
Yo creía que **eras** argentino.
Yo pensaba que no **había** que venir personalmente.

WIE MAN EREIGNISSE DATIERT

• ¿Qué día nació su hija?   • ¿Cuándo llegaste a España?
○ El (**día**) 14 de agosto de 1992.   ○ **En** marzo de 1992.

• ¿Cuándo terminó los estudios?   • ¿En qué año se casó?
○ **En el** 94.   ○ **En** 1985.

GRAMMATIKÜBERSICHT

WIE MAN EREIGNISSE IN DER BIOGRAPHIE EINER PERSON SITUIERT

a los cinco años...
cuando tenía cinco años / meses / semanas...

cuando era niño / joven / soltero / estudiante...
de niño / joven / soltero / estudiante / mayor...

cuando { **terminó** los estudios... / **cumplió** los 18 años... }   al { **terminar** los estudios... / **cumplir** los 18 años... }

WIE MAN EREIGNISSE ZUEINANDER IN BEZIEHUNG SETZT

•••○ Um die Folgen darzustellen, kann man **así que** und **por eso** verwenden.

> Su familia era humilde, **así que** tuvo que trabajar para pagarse los estudios.
> Empezó a llover, **por eso** anularon el concierto.

•••○ Um eine zeitliche Abfolge zu schildern: **antes (de)**, **después (de)**, **luego**.

> Fui a la facultad, pero **antes** estuve en la biblioteca.
> Estuve en la biblioteca y { **después** fui a la facultad. / **luego** volví a casa. }

Antes de + INFINITIV   **Antes de** ir a la facultad, estuve en la biblioteca.

Después de + INFINITIV   **Después de** estar en la biblioteca, fui a la facultad.

ENTONCES

„Entonces" ist eine häufige Konjunktion, sie wird verwendet in der Bedeutung ...

•••○ „damals", um sich auf einen bereits erwähnten Zeitraum zu beziehen:

> Me fui a vivir a Italia en el 71. **Entonces** (= en aquella época) yo era muy joven.

•••○ „folglich", um Schlussfolgerungen zu ziehen:

> • Ayer Lola tenía una reunión por la noche.
> ○ **Entonces** no fue a la cena.
> • No, no pudo.

•••○ „also", um nach den Folgen zu fragen:

> • No hay nadie y yo no tengo llaves.
> ○ ¿Y **entonces** qué hacemos?

> **Beachte:**
> Häufig verwendet man auch **entonces**, wenn man im Gespräch zögert, um Zeit zu gewinnen und nachzudenken:
> **Entonces, entonces...** yo creo que...